부처님 8대 인연 이야기

부처님 8대 인연 이야기

지은이 정찬주
1판 1쇄 발행 2012. 5. 27
1판 3쇄 발행 2012. 11. 11

발행처_ 김영사 • **발행인**_ 박은주 • **등록번호**_ 제406-2003-036호 • **등록 일자**_ 1979. 5. 17
주소_ 경기도 파주시 문발동 출판단지 515-1 우편 번호 413-756 • **전화**_ 마케팅부 031)955-3100,
편집부 031)955-3250 • **팩시밀리**_ 031)955-3111 • 저작권자 ⓒ 정찬주, 2012 이 책의 저작권은
저자 에게 있습니다. 저자와 출판사의 허락 없이 내용의 일부를 인용하거나 발췌하는 것을 금합니다.

값은 뒤표지에 있습니다. ISBN 978-89-349-5794-2 03220 • 독자의견 전화_ 031)955-3200
• 홈페이지_ http://www.gimmyoung.com • 이메일_ bestbook@gimmyoung.com • 좋은
독자가 좋은 책을 만듭니다 • 김영사는 독자 여러분의 의견에 항상 귀 기울이고 있습니다.

부처님 8대 인연 이야기

정찬주

부처님의 삶과 이적을 찾아 인도로 간 정찬주의 구도 에세이

김영사

서 문

부처님은 영원한 행복과 자유를 어떻게 얻었을까?

　　부처님의 일생을 여덟 가지로 요약한 것이 《팔상록(八相綠)》이다. 요즘 말로 하면 부처님 8대 인연 이야기 정도가 될 것이다. 《팔상록》은 주로 중국이나 우리나라, 일본에서 전래되고 있는데, 이것을 그림으로 그려놓은 것이 팔상도이다. 우리나라 팔상도는 통도사, 송광사, 갑사 등의 것이 유명하다. 절에서 팔상도가 그려진 까닭은 불경을 읽지 못하는 문맹자 신도들을 위해 그랬을 것이다. 참고로 경전을 그림으로 그려놓은 것을 변상도(變相圖)라고 한다. 중국의 둔황 석굴에 가면 많이 볼 수 있는데 유마경변상도 같은 것이 한 예이다.

　　예전에는 《팔상록》을 읽거나 팔상도를 보고 나서 신심을 내거나 출가한 이들이 많았다고 한다. 내가 아는 노스님 중에도 그런 분이 있다. 그런데 요즘 들어 그것의 의미가 퇴색하고 있는 듯하여 안타깝다. 구태의연하다고 보기 때문인데, 과연 그럴까. 어떤 학자는 《팔상록》이 설화와 신화 수준의 범주를 벗어나지 못하기 때문에 외면받고 있으니 현대적으로 다시 써야 한다고 주장하고 있다.

설화와 신화의 가치가 정말 퇴색한 것일까. 그 속에서 맑은 신심과 지혜로운 불심의 샘을 발견해낼 수는 없는 것일까. 나는 과학에 길들여진 사고보다는 《팔상록》의 내용을 감상하는 이의 풋풋한 상상력과 감성, 그리고 한결같은 믿음이 더 중요하다고 본다.

인도에 가면 실제로 부처님의 흔적과 실존의 현장이 있다. 그러니 《팔상록》을 옛날이야기로만 바라볼 일이 아니다. 과학이 설명하지 못하는 전생과 금생, 내생의 이야기가 나온다고 해서 어찌 그것이 외면받을 이유인가. 《팔상록》은 엄연히 보편타당한 진리를 얘기하고 있고 부처님의 역사가 담겨 있다. 윤회와 인과를 알지 못하면 물과 기름처럼 겉돌 수밖에 없다. 부처님이 태어나자마자 동서남북으로 일곱 걸음을 걸으면서 말했다는 다음과 같은 말씀을 어떻게 믿을 수 있을 것인가.

하늘 위와 하늘 아래 오직 나 홀로 존귀하도다.
모든 세상이 고통 속에 잠겨 있으니 내 마땅히 편안케 하리라.

불교의 시간관을 믿지 않는 이는 어린 아기가 어떻게 이런 거룩한 말을 할 수 있겠는가, 하고 의심하지 않을 수 없을 터이다. 그래서 쉽게 신화와 설화 속으로 넣고 이해하려고 하는 것이다. 《팔상록》의 첫 번째인 도솔래의상(兜率來儀相)을 잠깐 보자. 전생에 이미 중생제도를 위해 모든 수행을 다 이루시었으니 '나 홀로 존귀하도다'라고 말할 수 있는 것이고, 중생제도를 위해 탄생하고자 하였으니 '내 마땅히 편안케 하리라'라는 큰 원력이 이상하지 않은 것이다.

불교에는 우연이란 없다. 모든 것이 인과에 의한 필연이다. 갑자기 그런 말씀을 하셨던 것이 아니라 원력이란 인(因)이 있었으니 탄생이란 과(果)가 있는 것이다. 룸비니 동산에는 부처님 탄생지라는 것을 증명하는 아쇼카왕의 석주가 있다. 뿐만 아니라 부처님과 인연이 있는 곳이면 대부분 아쇼카왕의 석주 내지는 스투파가 남아 있다. 실존주의 철학자들이 주장하는 것처럼 현실에 우연히 던져진 인간 존재가 아닌 전생의 오랜 수행과 원력이 있었기에 필연에 의한 축복받는 탄생인 것이다.

이와 같은 생각으로 《팔상록》의 현장을 기행하고, 내 글을 읽는 독자가 누구라도 공감할 수 있도록 순례하는 동안 내내 부처님 마음속으로 들어가 '귀 속의 귀'를 기울이곤 했다. 내 스스로 구도자가 되어 부처님은 삶의 고비마다 어떤 선택을 하셨는지, 번민과 고뇌를 어떻게 극복하셨는지, 영원한 행복과 자유를 어떻게 얻으셨는지를 깊숙이 들여다보고 부처님의 가르침이 나에게 내면화되는 과정을 내 언어로 써내려간 글이 이 책이다. 이번이 네 번째인데 인도는 갈 때마다 달리 다가왔다. 순례의 횟수를 더할수록 부처님이 흘린 그림자들이 더 선명하고 절절하게 보였다. 독자들이 내 글을 읽는 동안 자신을 되돌아보는 시간을 얻고 종교라는 울타리를 넘어 자기 인생을 명상하고 사색하는 글이 되었으면 좋겠다.

끝으로 부처님의 참모습을 《팔상록》이란 틀로 알려보자며 작가만의 언어와 사고로 써보도록 권유한 김영사 박은주 사장님과 진심을 다해 책을 만들어준 편집부 여러분에게 감사드리고, 인도를 동행하면서 고생한 사진작가 유동영님과 아일선님, 그리고 순례하는 동안 내내 도움을 준 불적운 보살에게도 이 지면을 빌어 고마움을 전하고 싶다.

남도산중 이불재에서
벽록 정찬주

차례

서문_ 부처님은 영원한 행복과 자유를 어떻게 얻었을까? 4

도솔래의상(兜率來儀相)
부처님, 지구별의 중생을 보시다
어디서 무엇이 되어 다시 만나랴 11

비람강생상(毘藍降生相)
부처님, 룸비니에서 태어나시다
그대는 태어나기 전에 무엇이었는가? 35

사문유관상(四門遊觀相) 1
싯다르타 태자, 카필라성에서 생로병사를 고뇌하다
피고 지는 연꽃도 고통이었구나 59

사문유관상(四門遊觀相) 2
싯다르타 태자, 세상을 두루 살피다
틸라우라코트 숲길에서 아침 햇살을 공양받다 81

유성출가상(踰城出家相)
싯다르타 태자, 출가하다
그대의 가르침에서 나는 멈출 수 없다네 99

설산수도상(雪山修道相)
싯타르타 사문, 6년 고행하다
아, 싯다르타는 이미 목숨을 마쳤구나 117

수하항마상(樹下降魔相)
싯타르타 사문, 마왕을 항복시키다
보리수아래 가부좌를 트니 신심이 솟구치는구나 145

녹원전법상(鹿苑轉法相) 1
부처님, 진리를 설하시다
진리를 들으면 진리를 깨달을 것이다 169

녹원전법상(鹿苑轉法相) 2
부처님, 전법을 선언하시다
고통받고 어리석은 이와 함께한 부처님이시여 193

녹원전법상(鹿苑轉法相) 3
부처님, 도리천에 올라 마야부인에게 설법하시다
눈을 떠라, 빛이 보이리라 219

쌍림열반상(雙林涅槃相)
부처님, 열반에 드시다
자신을 등불 삼고, 법을 등불 삼아 의지하라 249

부록_ 통도사 팔상도 275

도솔래의상(兜率來儀相)

어디서 무엇이 되어 다시 만나랴

부처님, 지구별의 중생을 보시다

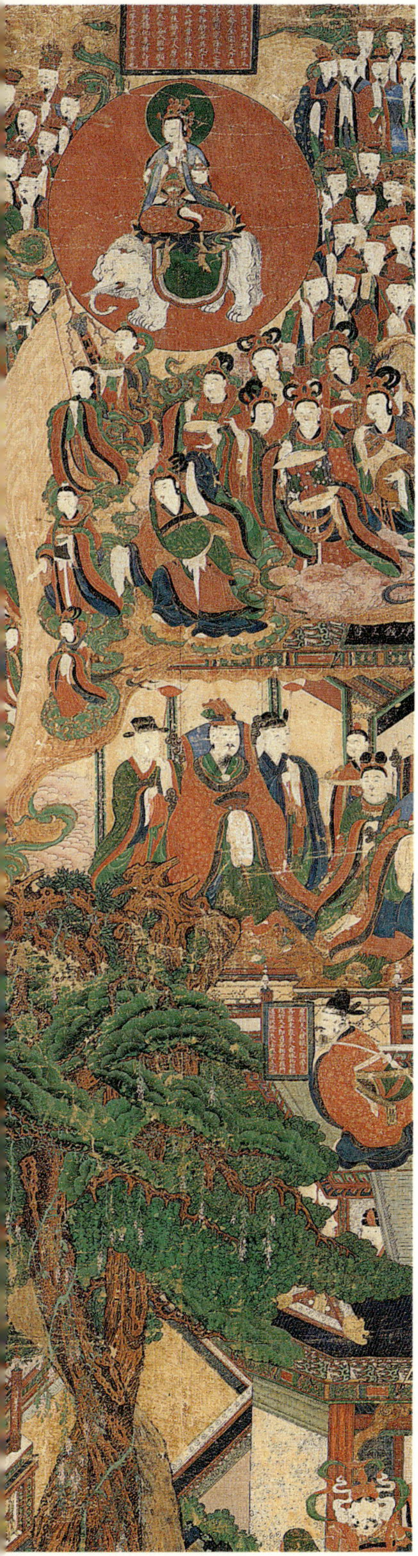

도솔래의상 부분도

새벽 강가강 · 설산에서 발원한 강물은 인도인들의 영혼을 적시며 흐른다.

자유를 바라는가, 집착을 버리고 통찰하라

지금 나는 '영적인 빛으로 충만한 도시'란 뜻을 지닌 힌두교의 성지 중에 성지인 바라나시에 와 있다. 바라나시는 3천 년 역사를 지닌 오래된 도시이다. 부처님이 2천 5백여 년 전 도솔천에서 내려와 지구라는 별에 탄생하실 때도 바라나시는 카시왕국의 수도였던 것이다. 카필라성에서 살던 싯다르타 태자는 카시왕국에서 생산한 바람결처럼 부드러운 비단모자와 비단옷을 입고 전단향을 몸에 발랐는데, 지금도 오늘날의 인도인들은 바라나시에서 만든 화려한 원색의 비단을 카시비단이라고 하여 최고품으로 치고 있는 것이다.

거리는 밤이 되자 붉고 노란 사리를 걸친 맨발의 무희처럼 관능적으로 변한다. 무희의 발목에서는 방울이 딸랑거린다. 낮이 흰 도티를 허리에 두른 사내들의 시간이었다면 밤은 그 반대다. 어둠은 은밀하

바라나시 새벽길 · 도시의 모든 길은 탯줄처럼 강가강의 자궁에 이른다.

힌두 수행자 · 집을 떠난 힌두 사두들은 강가강에서 자신의 생을 접는다.

고 시나브로 풍만해진다. 어느 순간에는 밤하늘을 찢는 폭죽의 광휘처럼 격렬하다. 강가(Ganga)는 신비한 발광체가 되어 그윽하고 푸르다. 인도인들의 내면을 관통하는 어머니 같은 강이다.

하루를 접지 못한 사람들과 문명의 기계들만 잠들지 못하고 혼잡하다. 오토릭샤(삼륜 택시)와 릭샤, 자동차, 우마차 등이 사람들 사이로 곡예를 하듯 뚫고 다니고 있다. 그 무질서에 흰 염소와 검은 소들이 어슬렁거리며 가담하고 있다. 그래도 무질서의 방종이 낮보다는 덜하다. 무질서가 제풀에 꺾인 듯 지쳐 있다.

나는 스모그처럼 눈을 아프게 찌르는 막무가내의 무질서를 예찬하고 싶지는 않다. 그렇다고 알게 모르게 나를 길들였던 서울에서의 위악적인 질서를 칭송하고 싶지도 않다. 적어도 바라나시에서만은 어떤 가치도 무의미해진다.

질서라는 강박으로 숨이 막혔던 나는 바라나시의 무질서 속에서 한껏 자유를 향유하고 있다. 실타래처럼 헝클어져 있는 무질서는 바라나시의 특산물이다. 생명체는 균형을 맞추려 하는 방어 본능이 있다. 질서가 있다면 무질서가 있어야 균형을 이룰 수 있다. 자연의 섭리이자 공존의 아름다움이다.

그래서 부처님은 두 가지의 가치를 이분법과 상대적인 잣대로 셈하지 말고, '두 가지가 다르지 않다'는 불이(不二)의 눈으로 보라고 말씀하셨을 터이다. 불이는 초월도 아니고 집착도 아니다. 불이는 중도(中道)와 동의어이다. 굳이 풀어서 표현한다면 있는 그대로 바라보고 경험하는 통찰이다. 부처님이 깨달은 불이의 진리야말로 자기 견해만이

강가강 모래밭 · 푸른 기운에 감싸인 모래는 여신의 속살처럼 부드럽다.

옳다며 막다른 골목으로 치닫는, 서로에게 상처를 주며 증오하는 현대인들을 치유할 수 있는 특효약이 아닐까 싶다.

바라나시에서는 잠시 인도(人道)를 벗어나 차도로 걸어도 되고, 아무 때나 가트(계단식 목욕장이나 화장터)로 나가 강가의 강물을 끼얹을 수 있다. 서울의 한강에서는 상상할 수도 없는 일이다. 바라나시에서는 어느 거리에서나 동쪽으로 거닐다 보면 강가강에 닿는다. 생명의 모든 핏줄이 심장으로 가 닿는 것처럼 바라나시의 길은 마침내 강가강으로 연결되어 있는 것이다.

마지막 혹은 죽음이라는 단어를 고마워해라

이번이 네 번째 인도 여행길이다. 15년 전과 5년 전 그리고 작년과 이번까지도 나는 바라나시에 와 있다. 이번이 마지막이 될지도 모르는 발걸음이다. 또 오게 될지 모르니 마지막이라는 단어는 유예하기로 한다. 마지막이라는 단어 속에는 짙은 아쉬움과 맑은 슬픔이 투과하기 마련이다. 둘째딸이 다섯 살 때인가 나에게 물었다. 사람들은 죽으면 어디로 가냐고. 내가 땅 속에 묻힌다고 하니까 어린 딸은 '흙은 슬픈 거구나'라고 말했다. 어린 딸의 그 말이 아직도 생생하다.

누구라도 마지막 혹은 죽음이라는 단어를 고마워해야 한다. 마지막이 있으므로 시작도 중간도 절절해질 수 있다. 마지막이란 단어를 잊고 사는 인간이야말로 얼마나 어리석은가! 인도인들이 암송하는《바가바드기타》의 한 구절을 기억하자.

모든 사람들이 죽어가지만
자기는 죽지 않을 듯
생각하는 것이 가장 놀라운 일이다.

조금 전에 호텔에서 거부(巨富)의 결혼식을 보았으니 나는 이 바라나시에서 인간의 생로병사를 다 본 느낌이다. 백마를 탄 신랑이 야외 식장으로 입장하니 제복을 입은 경찰들이 사열한 가운데 하객들은 신랑을 맞이했고, 연단의 악대가 낯익은 행진곡을 울리자 호화로운 결혼식이 시작됐던 것이다. 아직도 하하 호호 하고 깔깔대는 하객들의 웃음소리가 귓가에 맴돈다.

낮 동안 거리를 거닐면서 보았던 엄마 젖을 빨던 아기 요정의 나뭇잎처럼 큰 눈망울도 잊지 않는다. 화장터로 이어지는 계단에서 내게 손을 내밀던 다리가 하나 없는 불구 노인도 떠오른다.

차라리 화장터에서 태워지는 시신은 별 감흥을 주지 못했다. 죽음에 대한 관점이 달라서였을까. 무중력상태의 동작처럼 느릿느릿 움직이는 장례 풍경이 왠지 지루하게 다가왔던 것이다. 머리끝과 두 발이 조금 드러난 채 흰 천으로 돌돌 말린 시신은 강가 강물에 두세 번 적셔진 후 장작불에 곧 화장이 되었는데, 상주는 슬퍼하기보다는 무표정하기만 했다. 강가 강물에 아버지의 시신을 씻었으므로 망자의 죄는 다 소멸됐고, 그리하여 더 이상 윤회하는 일은 없을 것이라고 믿는 화장을 기다리는 시신 · 죽지 않을 듯 생각하는 것이 가장 놀라운 일이다.

그런 얼굴이었다.

그러나 부처님은 뭐라고 했던가. 바라문 산가라바는 매일 아침저녁으로 낮 동안 자신이 저지른 죄를 씻기 위해 강가강으로 나가 목욕했는데, 그때 부처님은 산가라바에게 이렇게 말했던 것이다.

"바라문이여, 강가강에서 목욕을 함으로 해서 모든 죄를 씻을 수 있다면 개구리나 거북이나 악어들도 죄로부터 자유로워지리라!"

부처님은 바라문 산가라바에게 죄를 씻으려면 강가 강물이 아닌 선(禪)의 강물에 목욕하라고 일렀다.

"진정한 강은 선의 강이니 선의 맑고 깨끗한 물은 모든 사람을 자비롭게 씻어준다. 선의 물에 뛰어들어 목욕하는 법을 배우라."

깊게 그리워하라, 큰 자비와 사랑이 흐를 것이다

별 하나가 나를 보며 반짝이고 있다. 나는 그 별을 무엇이라고 부를까 생각하다가 '깨어 있는 영혼'이라고 이름 짓는다. 영(靈)이라고 한 음절로 부르기에는 어쩐지 죽음 이후의 존재 같다. 역시 혼(魂)이라고 부르기에도 구천을 떠도는 외로운 존재 같다. 시공을 초월하여 다가온 별이므로 나는 '깨어 있는 영혼'이라고 불러본다. 일찍이 부처님은 제자들에게 이렇게 말씀한 적이 있다.

"밤하늘에 반짝이는 별들은 단잠을 즐기라고 있는 것이 아니다."

수행을 게을리 하는 제자들에게 잠을 줄여 부지런히 정진할 것을 강조한 말씀일 것이다. 그러나 그보다 더 깊은 뜻이 숨어 있지 않을까. 부처님의 마음을 잘 이해했던 가섭 존자는 알아들었을 것 같다. 제자들에게 밤하늘에 반짝이는 별들을 보라고 한 이면에는 심오한 오의(奧義)가 있었으리라.

혹시 별빛을 타고 오는 '깨어 있는 영혼'과 조우하면서 광대무변한 우주와 대화를 나누라고 한 말씀은 아니었을까. 부처님은 새벽의 샛별을 보고서 홀연히 깨달음의 관문을 넘어서지 않았던가. 부처님이 본 우주는 삼천대천세계였다. 지구별은 무한한 우주 속의 한 점 티끌에 불과한 것이다.

소천세계는 해와 달이 뜨고 지는 세계가 1천 개인 우주를 말한다. 중천세계는 소천세계가 1천 개 모인 우주를 말하고, 삼천대천세계는 중천세계가 1천 개 모인 우주를 말한다. 1천억 개 별의 무리를 은하라고 정의하는 과학자들의 우주보다 훨씬 크고 무한하지 않은가. 그래서 삼천대천세계를 불가에서는 굳이 숫자로 셈하지 않고 법계(法界)라고 하는 것이다.

엉덩이가 축축하다. 손수건을 깔고 앉았지만 낮 동안 힌두교도들이 몸을 씻느라고 끼얹은 강물이 아직도 계단을 적시고 있는 것 같다. 강가강에 몸을 담그고, 강물을 끼얹는다고 해서 지은 죄가 소멸되고 윤회로부터 자유로워질 수 있을까. 부처님이 말씀한 인과법의 진리로는 '아니오'라고 부정할 수밖에 없다.

그것은 힌디들의 속죄의식일 뿐이다. 죄를 지었으면 죄를 받는 것이 부처님의 진리이다. 인(因)을 남겼으면 이 세상 어느 누구라도 과

(果)로부터 자유로울 수 없는 것이다. 문득 나는 고등학교 시절부터 좋아했던 한 편의 시를 중얼거려 본다. 이산(怡山) 김광섭(金光燮, 1905-1977)이 남긴 절창의 시 〈저녁에〉라는 작품이다.

저렇게 많은 별 중에서
별 하나가 나를 내려다본다
이렇게 많은 사람 중에서
그 별 하나를 쳐다본다

밤이 깊을수록
별은 밝음 속에 사라지고
나는 어둠 속에 사라진다

이렇게 정다운
너 하나 나 하나는
어디서 무엇이 되어
다시 만나랴

나는 불가의 윤회와 인연을 담은 이처럼 소박하고 절절한 시를 아직 본 적이 없다. 사람은 누구나 희로애락 속에서 울고 웃다가 사라진다. 부처에 이르지 못한 중생이라면 빛도 있고 그림자도 있고, 아름다운 면도 있고 지우고 싶은 허물도 있게 마련이다. 그러나 미완(未完)

강가강 목욕 의식 · 죄를 씻으려면 선(禪)의 강물에 목욕하라.

의 인간이라도 자비와 사랑하는 마음으로 무엇을 사무치게 그리워한 다는 것은 무릇 아름다운 일이고, 그러한 인연을 노래한 작품이 바로 김광섭의 〈저녁에〉이다.

이 절창의 시를 좋아하다 죽은 목이 유난히 길었던 화가 한 사람도 잊을 수 없다. 전남 신안군 안좌면 출신의 수화(樹話) 김환기(金煥基, 1913-1974) 화백이다. 그는 말년에 미국으로 이민을 가 뉴욕 생활을 하면서 인연 맺었던 사람들이 너무 그리워, 김광섭의 〈저녁에〉 마지막 시 구절인 '어디서 무엇이 되어 다시 만나랴(Where would we meet as what?)'에 영감을 받아 밤하늘의 별을 보며 그리운 사람들이 생각날 때마다 캔버스에 점을 하나씩 찍어가며 이른바 점화(點畵)를 완성했다. 이 그림이 1970년 제1회 〈한국미술 대상전〉에서 대상을 받은 그가 남긴 최고의 명화인 것이다. 김환기가 김광섭의 시를 만날 수 있었던 것은 생전에 문인과 사귀기를 좋아했던 그의 성품에서 비롯되었을 터이다. 그의 결혼식에 시인 정지용이 청첩인으로 하객을 맞이했고, 시인 조병화도 절친한 평생지기였던 것이다.

깊은 그리움은 때로 사람을 크게 사랑하게 하는 힘이 되기도 하는 모양이다. 그것은 자비심을 길러주는 원천이 되기도 한다. 부처님은 '자비심이 곧 여래다'라고 했다. 그러니 중생에 대한 그리움이 없는 수행자는 진정한 수행자라고 할 수 없으리라.

존귀하신 스승이시여, 부처님이 될 때나이다

나는 2천 5백여 년 전의 부처님이 도솔천이란 성운(星雲)의 어느 별에서 한 점 영혼으로 깨어 있을 때에 무엇을 생각했을까 하고 명상에 잠긴 일이 있다. 지금도 그런 상념에 빠져 있다. 강가 강물에 떨어져 꽃등처럼 흐르는 저 별빛이 나를 깊은 상념으로 안내하고 있다.

'부처님이 태어나시기 전, 어느 별에서 한 점 깨어 있는 영혼으로 계실 때 어떤 생각으로 지구별의 중생들을 바라보았을까. 생로병사의 고통에 빠져 있는 중생들을 보고 무슨 마음을 내셨을까.'

부처님의 마음은 자비심 그 자체다. 부처님의 후예들이 부처님의 일생을 그린 《팔상록(八相錄)》을 보면 중생을 향한 그리움으로 점철되어 있다. 모든 중생을 생로병사로부터 해탈케 하고자 원력을 세우고 방편으로 지구별에 태어나셨기 때문이다. 부처님의 눈은 이 세상 모든 중생의 눈물인 양 설산(雪山)에서 발원한 강가강의 지류를 따라 움직이다가 카필라성이란 조그만 도시국가에서 시선을 멈추고 있다.

《팔상록》은 부처님이 머문 곳을 도솔천이라 하고 있다. 도솔천이란 수많은 별들로 이루어진 하늘로서 선한 행위를 한 공덕으로 태어나는 곳을 말한다. 도솔천에서의 부처님 이름은 호명보살, 도솔천을 날아다니는 맑은 영혼의 천인(天人)들이 호명보살의 마음을 읽고 이렇게 청한다.

존귀하신 스승이시여,

당신이 10바라밀을 행하심은

제석천이나 마왕, 범천, 전륜왕의 영광을 위해 이룬 것이 아니옵고,

오직 저 세상의 모든 중생을 제도하고자

일체지(一切智)를 추구함으로써 이루신 것이옵니다.

스승이시여,

바야흐로 부처님이 되기 위한 때가 왔나이다.

존귀하신 스승이시여,

부처님이 될 때나이다.

　호명보살은 천인들과 자신의 마음이 이심전심으로 하나된 것을 기뻐했다. 호명보살은 중생을 제도하고자 10바라밀을 닦아왔으나 새들이 허공에 자취를 남기지 않듯 자신의 소망을 드러내지 않고 때를 기다려왔던 것이다.

　보살은 먼저 자신이 태어날 때와 장소를 생각했다. 시기를 살피게 된 까닭은 인간세상이 너무 평화로우면 신앙심이 생겨나지 않고, 반대로 인간세상이 너무 타락한 상태라면 신앙심까지 메말라 있을 것 같아서였다. 그래서 보살은 그 중간 정도의 시기를 찾았다. 장소는 번성한 바라나시를 수도로 한 카시왕국보다는 명상하기 좋은 변방의 작은 도시국가 중 하나를 선택했다.

　태어날 출신 계급은 귀족인 크샤트리아가 좋을 것 같다. 귀족은 세습 종교인인 바라문과 무사 귀족인 크샤트리아가 있지만, 보살은 종교적으로 편견이 강한 바라문보다는 무슨 사상이든 받아들일 수 있

는 크샤트리아가 알맞다고 생각했다.

어느 왕의 몸을 빌려 태어날까 하는 문제는 토론이 길어졌다. 천인들은 인도의 열여섯 나라를 하나하나 짚어갔지만 하나도 점지하지 못했다. 결국 보살에게 조건을 제시받았다. 보살은 국토의 조건에 대해서는 예순네 가지, 어머니가 되실 분의 조건에 대해서는 서른두 가지를 말했다. 태어날 땅은 상업이 발달한 곳보다는 명상하고 수행하기 좋은 농경의 대지가 좋았고, 어머니는 무슨 일이든 이해하고 자비심이 뛰어난 분이어야 했다. 결국 이런 조건을 갖춘 땅은 석가족의 숫도다나왕이 지배하고 있는 카필라성이었고, 어머니는 마야 왕비가 되었다.

결국 보살은 카필라성 서쪽에 있는 코살라국이나 강가강의 남쪽에 있는 마가다국이라는 강대국에서 태어나지 않기로 결심했다. 보살은 어머니 마야 왕비의 태 안에 들어가기 전에 마지막으로 신들과 천인들에게 설법을 했다. 설법 가운데 주목할 만한 것은 미륵보살에게 언젠가 자신처럼 지구별로 내려와 말세 중생들을 제도하라고 당부하는 대목이었다.

이 부문을《팔상록》은 도솔래의상(兜率來儀相 : 도솔천에서 지구별의 중생을 보시다)이라고 요약하여 표현하고 있는데, 나에게 감동을 준 것은 부처님의 행동이 천인들의 간청에 의한 것이 아니라 부처님의 원력에 의한 필연이었다는 점이다.

《팔상록》에는 중생제도를 위해 모든 지혜를 닦았고 10바라밀을 행했다고 하지만 다른 경전에는 수백생의 정업(淨業)을 닦았다는 기록이 보인다. 나 같은 중생으로서는 감히 상상도 할 수 없는 오랜 세월

꽃등 파는 새벽 아이 · 새벽별은 단잠을 즐기라고 반짝이는 것이 아니다.

동안의 정업이자 원력이다.

　부처님의 탄생은 이처럼 보살의 큰 원력에 의한 필연이지 무의미한 실존(實存)이 아닌 것이다. 탄생의 필연을 믿지 못한 이들은 부처님이 왜 위대하고 거룩한지 결코 바르게 이해할 수 없을 것이다. 수백 생이나 이어진 전생을 잘라버린 채, 우리들의 눈에 보이는 고작 80년이란 부처님의 금생 시간 속에서 부처님을 이해하려는 시도는 마치 장님이 코끼리 뒷다리를 만져보고 코끼리 전체를 얘기하려는 것이나 다름없는 어리석음일 터이다.

　두말 할 것도 없이 수백생의 정업을 닦은 보살이었기에 도솔천이란 별에 태어났고, 그 도솔천에서 지구별의 중생들을 너무나 그리워하고 사랑하였기에 보살은 강생할 시기를 기다리고 있었던 것이다.

　한밤중인데도 나룻배들이 강 건너 모래밭까지 왕래하고 있다. 나룻배를 탄 순례자들이 촛불을 손에 들고 기도하고 있다. 푸르스름한 강물에는 누군가가 띄운 작은 꽃등이 점점이 떠 흐르고 있다. 한역 경전에는 저 모래밭을 항하사(恒河沙), 강가의 물을 항하수(恒河水)라고 표현하고 있는바, 헤아릴 수 없는 무한한 양(量)을 그렇게 비유하고 있는 것이다.

　바라나시의 온갖 하수가 흘러들어 강가 강물이 더럽혀질 것 같은데도 히말라야산맥의 눈 녹은 물이 끊임없이 흘러들어 정화된다고 한다. 강물은 끝없이 흘러오고 또 사라져간다. 《반야심경》의 구절처럼 불구부정(不垢不淨), 부증불감(不增不減)이다. 강가는 바라나시의 심장이자 눈앞에 펼쳐진 진경(眞景)의 《반야심경》이다.

해맞이 기도 · 강가강은 눈앞에 펼쳐진 《반야심경》이다.

비람강생상(毘藍降生相)

그대는 태어나기 전에 무엇이었는가?

부처님, 룸비니에서 태어나시다

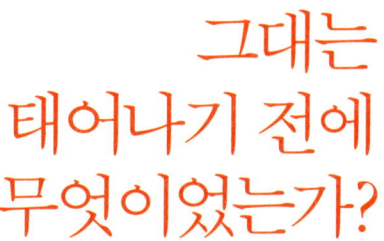

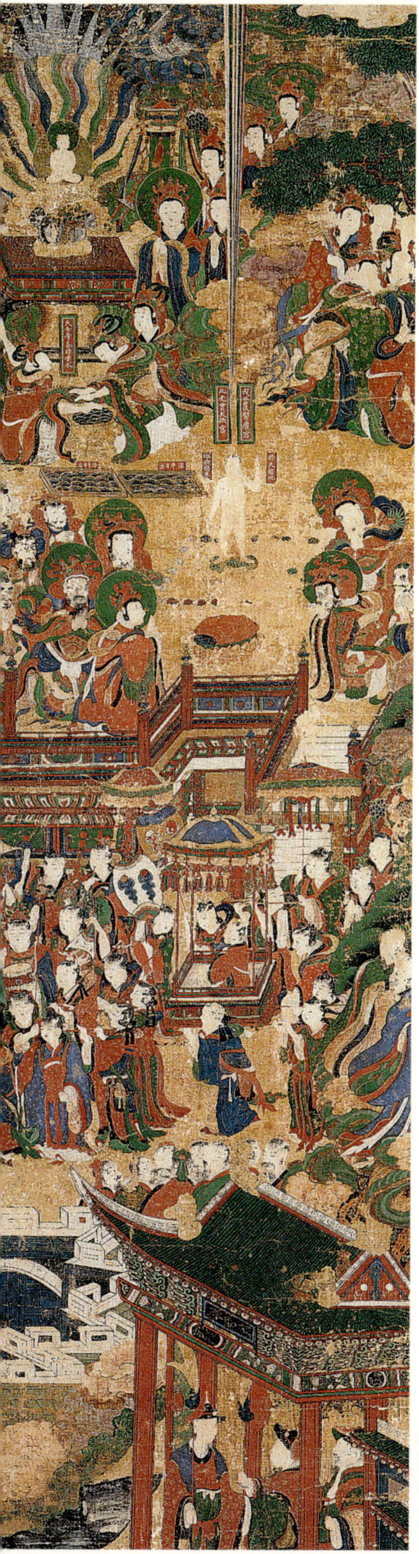

비람강생상 부분도

순례란 본래의 나를 만나게 하는 여행

인도는 사람의 심장 같은 모양으로 지구별의 중심에 붙어 있는 것 같다. 히말라야산맥은 우리가 숨 쉬며 사는 지구별의 가슴이라고나 할까. 수행자들이 히말라야산맥의 카일라스산(수미산)을 순례하는 것은 자식이 어머니를 찾아가 안기듯 지구별의 가슴을 그리워하는 것과 다름 아니라는 생각을 해본 적이 있다.

히말라야 설원에서 시작한 강가강은 북인도의 대지에 생명의 핏줄처럼 퍼져 있다. 인도인들의 운명을 점지한 대지의 손금 같기도 하다. 강가강이 흘러가는 인도 북동부의 1월 하순 기후는 지구 온난화의 영향 때문인지 일교차가 예전에 들렀을 때보다 심하다. 아침에는 두꺼운 긴팔 옷을, 한낮에는 반팔 옷을 입어야 한다. 일교차가 섭씨 15도 이상이므로 안개는 아침 늦게야 게으름을 피우며 사라진다.

부처님의 유적지를 순례하는 사람들은 이른 새벽부터 길을 나선다.

룸비니에서 만난 남매 · 안개는 순례자의 발길을 붙잡지 못한다.

안개는 늦잠을 유혹하지만 순례자들의 발길을 붙잡지는 못한다. 본래의 나를 만나고자 하는 간절한 의지로 멈추지 않고 걷는 것이 진정한 순례일 터이다.

부처님은 맨발이셨다. 맨살로 신성한 대지에 입맞춤 하듯 평생을 보내셨다. 진리의 몸으로 오셨으므로 여래(如來)라 부르고, 진리의 몸으로 가셨으므로 여거(如去)라 부른다. 그래서 '여래'와 '여거'는 부처님의 별칭이 된 것이다.

룸비니 가는 길도 짙은 안개로 뒤덮여 있다. 룸비니 동산 부근의 한국 절에서 하룻밤 묵고 이른 아침에 나선 길이다. 룸비니의 안개는 다른 지역과 달리 어머니의 치맛자락처럼 다정하고 포근하다. 모성애를 느끼게 하는 것은 무슨 까닭일까. 자애로운 대지의 입김 같기도 하다. 룸비니의 모든 존재들은 아직 제 모습을 드러내지 않고 있다. 길라잡이를 하는 릭샤꾼들이 손님을 기다리고 있을 뿐이다.

할 수 없이 나는 예전에 들렀다가 메모한 룸비니에 대한 기록을 다시 떠올려본다. 어젯밤 한국 절 식당에서 미지근한 물을 구해 와 동행하는 지인들과 발효차를 우려 마시고 난 뒤, 휴식을 하면서 그때의 수첩을 펼쳐보았던 것이다.

룸비니의 유적이라면 세 가지를 들 수 있다. 첫 번째는 아기부처님이 태어나실 때 마야부인이 기댄 무우수(無憂樹)와 용들이 아기부처님의 몸을 씻어준 싯다르타 연못이고, 두 번째는 이곳이 룸비니 동산임을 증명하는 아쇼카 대왕 석주이고, 세 번째는 아기부처님의 탄생상을 봉안한 마야부인 사원이다.

　나는 이곳을 여러 번 찾은 셈이다. 30대 후반에 후배이기도 한 소설가 구효서와 시인 윤제림과 함께 들렀던 적이 있다. 그때와 달라진 풍경은 마야부인 사원이 유적지 발굴 사업 때문에 헐리고 임시로 출입구 옆에 세워진 것뿐이다. 나머지 유적지들은 예전과 마찬가지이다. 무우수라 불리는 보리수도 그때와 같이 싯다르타 연못에 그림자를 드리우고 있고, 아쇼카 대왕 석주도 그 옛날 현장법사가 와서 보았듯이 맨 위의 말(馬) 조각이 잘려 나간 굴뚝 같은 모습 그대로이다.

　여기 보리수 아래서도 힌두교 신도들은 그루터기에 놓인 조그만 불상에 붉은 칠을 하면서 제사를 지내고 있다. 그 옆에는 네팔의 수행자가 앉아서 명상에 잠겨 있다. 불교 성지 안에서 일어나고 있는 타종교의 제사 의식인데 종교 간의 다툼은 없다. 자신이 신앙하는 대상에 몰두하고 있을 뿐, 시비를 떠나 공존하고 있다. 처음에는 의아해했지만 가만히 생각해보니 부럽다. 희망사항이 되고 말지 모르겠지만 언젠가 지역감정의 맹독(猛毒)이 사라지고, 그런 후 남북통일이 되었을 때, 또 그 다음에 올 지긋지긋한 갈등을 상상해보고서는 지레 몸서리친 적이 있다. 남북통일이 된 그 다음에는 종교 간에 서로 물고 헐뜯는 집단적인 증오가 망측하게도 떠올랐던 것이다. 그런 의미에서 비록 작은 출발이긴 하지만 김수환 추기경이 서울 성북동의 길상사로 올라가 축하 기도를 하고, 법정스님이 명동성당으로 내려가 강론하는 것을 보고서 스스로 안도한 적이 있음을 고백하지 않을 수 없다. 모르는 이웃 간에도 대화를 못할 이유가 없는데, 진리와 선을 추구하는 종교

집단이라면 더 말해 무엇할까.

'부처님의 탄생' 설화를 이야기하는 경전은 많다. 《본생경》이나 《과거현재인과경》,《불본행집경》 등에 자세히 서술되어 있다. 다 아는 이야기지만 마야부인이 아기를 낳고자 숫도다나 왕의 허락을 받고 친정인 데바다하(天臂城)로 가게 된다. 그런데 가는 도중 룸비니 동산에 이르러 마야부인은 산기를 느끼고서 무우수 가지를 붙들고는 옆구리로 아기를 낳는다. 그가 바로 아기부처님이다. 그때 공중에 있던 용왕의 형제들이 더운물과 찬물로 아기부처님을 목욕시켜주자 어린 부처님의 몸은 황금빛을 내쏘며 삼천대천세계를 비추었다고 한다.

이윽고 아기부처님은 홀로 일곱 걸음을 옮기었다. 그러자 옮기는 걸음자리마다 수레바퀴만 한 큰 연꽃이 솟아올랐다. 이에 어린 부처님은 오른손은 위를, 왼손은 아래를 가리키며 말했다.

하늘 위와 하늘 아래 오직 나 홀로 존엄하도다.
삼계가 모두 고통에 헤매나니 내 마땅히 이를 편안케 하리라.
天上天下唯我獨尊
三界皆苦我當安之

아기부처님이 갑자기 외친 말이 아니다. 도솔천에서 세운 원력을 세상에 드러낸 것이다. 깨닫지 못한 중생들은 듣지 못했지만 도솔천의 천인들과 지상의 용들은 다 들었다고 설화는 암시하고 있다.

이른바 탄생게(誕生偈)인데, 그 해석은 분분하다. 내 식으로 설명을

마야부인 사원 · 룸비니 안개 속에는 따뜻한 모성애가 떠돈다.

룸비니 화원 · 아기부처님이 탄생할 때도 꽃비가 내렸다.

붙여본다. '천상천하유아독존'이라는 말은 전생에 수많은 정업을 닦은 보살이시니 천상천하에 더없이 존엄하다는 것이고, '삼계개고아당인지'란 고통받는 세상의 모든 중생을 편안하게 구제하겠다는 결의이자 맹세이다.

마음에 울림이 더 큰 것은 자비의 극치라고 할 수 있는 '삼계개고아당인지'다. 이는 부처님의 존재를 더 위대하고 거룩하게 하는 구절이 아닐 수 없다. 수행자가 진리를 구하고자 정진하는 것은 중생을 편안케 구원하겠다는 의지에서 비롯되어야 하고, 마침내 그렇게 회향(回向)되어야 한다. 그렇지 않다면 수행자가 이 세상에 존재해야 할 그 어떤 이유도 명분도 없는 것이다.

명상에 잠긴 네팔의 수행자가 깨어나기를 기다렸다가 다가간다. 그는 룸비니 동산 안에 자리한 네팔 사원의 수행자일 것이다. 그가 친절하게 자신의 일과를 소개한다.

"하루 한 끼만 먹고 네 시간씩 이 자리에서 명상을 합니다. 승려가 된 지 24년이 됐습니다."

하루 한 끼만 먹는 일일일식(一日一食)은 부처님의 식사법이다. 그 전통을 따르는 선가의 식사법도 마찬가지다. 아침에 자리끼 같은 죽을 들 때도 있고, 저녁에 식사 흉내를 내는 약식을 할 때도 있지만 밥과 반찬을 내놓고 정식으로 공양하는 것은 점심때뿐인 것이다.

나는 그와 통성명을 한다. 그의 이름은 비베깐난다라고 한다. 표정이 매우 진지하고 온화하다. 룸비니 동산을 왜 좋아하냐고 묻자 '어디나 행복한 기운이 가득하기 때문'이라고 말한다. 그래서 자신은 행복한 사람이라고 말한다. 행복한 곳에서 수행하고 있으니 그것만으로도 행복하다는 것이다.

그대는 태어나기 전에 무엇이었는가

룸비니의 안개 속에서 누군가가 내게 속삭인다.
'그대는 태어나기 전에 무엇이었는가.'
태어나기 전 나는 어느 별에서 어떤 존재였을까. 조주선사는 수행자들에게 '부모미생전(父母未生前) 본래면목(本來面目)'을 묻곤 했다. 부모 몸을 빌려 태어나기 전 그대의 본래 모습이 무엇이었냐는 물음이었다. 그것을 봐야만 순간순간 온몸으로 살 수 있을 것이라고 했다. 해탈하여 고달픈 윤회를 멈출 것이라고 했다.
선가에는 찰나생사(刹那生死)라는 말이 있다. 한 생각이 일어났다가 스러지는 찰나의 생멸을 뜻하는데, 깨닫지 못한 사람은 생각을 일으킬 때마다 어리석은 번뇌를 반복한다. 이를 윤회라고 한다. 그러나 깨달아 번뇌가 없는 상태의 청정한 생각을 이어갈 때 이를 해탈이라 부르며 윤회가 멈추었다고 한다. 《반야심경》의 관자재보살처럼 '오온이 공하다'고 늘 통찰하고 있는 경지가 해탈이다. 한 점 집착이 없으니 생사를 마쳤다고도 한다. 등불이 켜져 있어 방 안이 항상 밝은 이치와 같다.
생사를 해탈하였다고 해서 죽지 않는 불사조가 되었다고 생각하면

아기부처님 발자국 · 하늘 위 하늘 아래 오직 나 홀로 존엄하도다.

오산이다. 인간은 누구나 죽는다. 부처님도 죽었고, 달마조사도 죽었고, 육조 혜능도 죽었다. 그러나 우리들은 찰나생사에서 해탈한 그분들을 죽었다고 생각하지 않는다. 그분들의 법신(法身)은 영원하다고 믿고 있는 것이다.

안개는 또 내가 왜 이 세상에 태어났는가를 묻고 있다. 고등학교 시절에 실존주의 철학이나 문학에 빠진 적이 있다. 나만 그랬던 것이 아니라 직립보행하고 싶어 하는 젊은이들 사이에 광풍처럼 휩쓸었던 사조였다. 중독성이 강했던 실존주의는 인간을 이 세상 현실에 우연히 던져진 존재라고 규정하여 젊은이들에게 반항과 고독을 탐닉하게 했다. 소설《이방인》의 작가 까뮈의 이 한마디는 아직도 잊히지 않는다.

'인간이 갈구하는 것은 오아시스가 아니라 혼도 의지할 수 없는 사막이다.'

이 말은 그 무렵 나를 사로잡은 화두였다. 오아시스란 이상향이나 극락 같은 곳인데, 인간은 정작 풀 한 포기 살 수 없는 사막을 갈구하고 있다고 하여 나에게 큰 충격을 주었고, 나를 백척간두로 밀어붙였던 것이다.

그러나 나는 곧 실존주의 작가들의 덫에서 벗어났다. 그들은 신의 울타리를 벗어났으되 자기 자신에게 돌아가지 못한 지적 노숙자들이었던 것이다. 나는 《법화경》을 보면서 나로 돌아갈 수 있었다. 인과(因果)의 진리를 이해했다. 인간은 물론 풀 한 포기 나무 한 그루까지 우연히 던져진 실존이 아니라 인과법에 따른 필연의 실존이라는 것을 믿게 됐다. 부처님의 전생을 알면서 부처님의 탄생이 왜 축복이고 거룩한지를 깨달았다.

전생 일을 알고자 하는가.
금생에 받는 이것이다.
내생 일을 알고자 하는가.
금생에 하는 이것이다.
欲知前生事
今生受者是
欲知來生事
今生作者是

부처님의 이 말씀을 되새겨보면 부처님은 삼생(三生), 즉 과거 현재 미래가 다하도록 영원히 부처님일 수밖에 없다. 전생의 정진과 원력으로 탄생하시니 금생에 부처님이실 수밖에 없고, 금생의 삶도 수많은 중생들을 제도하시어 열반하시니 내생에도 부처님이 되실 수밖에 없지 않은가.

나는 차(茶) 농사를 지으면서 연기(緣起)의 도리를 스스로 깨달았다. 인간은 낯선 곳에 던져진 고독한 이방인이 아니라 유무정물(有無情物)과 서로 한몸이라는 것을 체험했다. 나뭇잎 하나가 병들면 다른 가지의 나뭇잎까지도 병든다는 사실을 알았다. 서울 생활을 청산하고 산중으로 내려온 나는 처음 한동안은 차 씨앗이 제 힘으로 흙을 뚫고 올라와 싹을 틔우는 줄 알았는데, 초보 농사꾼의 딱지를 떼고 나니 그

길거리 과일장수 · 순례자와 더불어 안개가 늘 첫 손님이다.

게 아니었다. 햇볕과 바람과 비와 흙, 그리고 인간의 수고가 어우러져 찻잎이 나오고 맑은 향과 맛을 내는 차가 되었던 것이다. 생명은 서로 한 뿌리로 닿아 있으므로 어느 하나만 빠져도 차 씨앗은 죽고 마는 것이니 '이것이 있으므로 저것이 있고, 이것이 소멸하니 저것이 소멸한다'는 연기의 도리가 차 씨 한 톨에도 담겨 있었던 것이다.

연기를 깨달은 사람은 자비로울 수밖에 없다. 풀 한 포기가 죽는 것만 보아도 아파한다. 개미 한 마리가 죽는 것만 보아도 아파한다. 자신과 한몸이기 때문이다. 언젠가 내 산방에 수행자 한 분이 들른 적이 있다. 그 수행자가 군대에 갔을 때 그의 별명은 '울보'였다고 한다. 훈련병 시절 운동장에서 잡초를 뽑는 사역을 하는데, 잡초를 뽑을 때마다 마음이 아파서 눈물을 흘리자 동료들이 '울보'라고 놀려댔다는 것이다.

행위에 따라 거룩한 사람도 되고 천박한 사람도 된다

부처님이 탄생하는 장면을 《팔상록》에서는 비람강생상(毘藍降生相)이란 제목을 붙여 이야기하고 있다. 부처님이 마야부인의 몸을 빌려 이 세상에 태어나시는 이야기는 《팔상록》의 두 번째 장면이다. 여기서 '비람'은 룸비 혹은 룸비니의 잘못 번역한 한자말이고, '강생'은 신이나 보살이 태어나는 것을 뜻한다. 그러니 비람강생상이란 '부처님께서 룸비니 동산에 태어나시다' 정도의 뜻이 된다.

순례 중에 만난 아이들 · 아이들이 있으면 세상은 어디나 꽃밭이 된다.

룸비니에 있는 아쇼카왕의 석주

룸비니 동산은 예전과 조금 다르다. 그때는 유물을 발굴 중이었으므로 마야부인 사원이 헐린 채 가건물이 지어져 있었는데, 지금은 직사각형의 시멘트 건물이 마치 시골의 실내 경기장처럼 들어서 있다. 나만 그런 것이 아니라 옆에 있는 순례자에게 물어보아도 마찬가지다. 건물이 주변의 평화스러운 자연과 어울리지 못한 것도 그렇고, 도드라질 정도로 진홍색 페인트로 단장한 모습이 왠지 생뚱맞다.

그러나 그 나머지는 예전과 같다. 마야부인 사원 측면에 자리한 아쇼카 석주도 그대로이다. 아쇼카 석주는 기원전 250년 아쇼카 대왕이 부처님의 탄생지에 왔던 기념으로 세운 것이다. 그때 아쇼카 대왕은 석주에 이렇게 새겼다.

'많은 신들의 사랑을 받고 있는 피아다시(아쇼카의 다른 이름)왕은 즉위한 지 20년이 지나 이곳을 친히 참배하였다. 여기서 석가모니께서 탄생하셨기 때문이다. 그래서 돌로 말의 형상을 만들고 석주를 세우도록 했다. 이곳에서 위대한 분이 탄생했음을 경배하기 위한 것이며, 이를 기리어 룸비니 마을은 조세를 면하고 생산물의 8분의 1만 징수케 한다.'

현재는 석주의 상층부가 소실되고 없는데, 현장법사는《대당서역기》에서 석주의 윗부분 마상(馬像)이 어떻게 사라졌는지 밝히고 있다. 악룡의 벼락같은 소리에 석주의 기둥이 부러졌다고 기록하고 있는 것이다.

나는 마야부인 사원 안으로 들어가려다 말고 싯다르타 연못가에 있는 무우수를 보고서 '아, 변함없는 수행자가 저기 있군!' 하고 깜짝

룸비니 무우수 수행승 · "행복한 기운이 가득한 곳에서 수행하니 행복합니다."

놀라고 만다. 마야부인이 산기를 느끼고 손을 뻗어 만졌던 무우수 그 루터기 언저리에 그 네팔 수행자가 앉아 있는 것이다.

안개가 아직 완전히 물러서지 않았으므로 수행자의 모습은 어렴풋했으나 나는 직감으로 그가 '비베깐난다'라는 것을 알았다. 그는 6년 전과 같은 모습으로 명상을 하고 있었다. 그때 그는 이미 6년째 그곳에 있었다고 했으므로 이제 12년째 그곳을 지키고 있는 셈이었다.

내가 먼저 합장한 뒤 손을 내밀었다. 그도 입가에 미소를 물었다. 나를 어디선가 보았다는 표정이었다. 6년 전 이곳에서 나와 얘기를 나누지 않았느냐고 하자 그는 자리에서 벌떡 일어나 잇몸이 보이도록 소리 내어 웃으며 악수를 청했다. 이제 그는 무우수의 한 가지가 된 듯했다. 까마귀 한 마리가 그에게 다가왔다가 순례자들이 몰려오자 날아간다.

여전히 무우수 그루터기 뿌리 위에는 작은 동굴처럼 공동화(空洞化)되어 있고, 그 안에는 붉은 안료를 묻힌 불상이 모셔져 있다. 순례자 중 한 사람이 무우수의 그런 모습을 보고 나서는 내게 묻는다.

"보리수에 모셔진 불상을 보니 마치 마야부인 옆구리로 부처님이 탄생하시는 것 같습니다. 그런데 부처님은 왜 마야부인 옆구리로 태어나셨을까요."

나는 신분에 따라 출생하는 위치가 다르다는 힌두 신화를 이야기하는 것으로 대답을 대신했다. 예전에 인도를 순례하는 동안 힌두 사두에게 바라문은 신의 입에서, 왕족은 신의 옆구리로, 바이샤는 신의 배에서, 천민인 수드라는 신의 발바닥에서 태어난다고 하는 얘기를 들었던 것이다.

"부처님의 탄생에 힌두 신화가 결합한 것이 아닐까 생각합니다. 부처님은 크샤트리아 계급으로 왕족이었으니까요."

그러나 다 알다시피 부처님은 세습되는 신분을 부정했다. 신분은 사람이 하는 행위에 따라서 달라질 뿐, 천한 신분의 여자라도 깨달으면 거룩한 스승이 된다고 했다.

'자비를 베푸는 이는 거룩한 사람이고, 남에게 피해를 주는 이는 천박한 사람이다.'

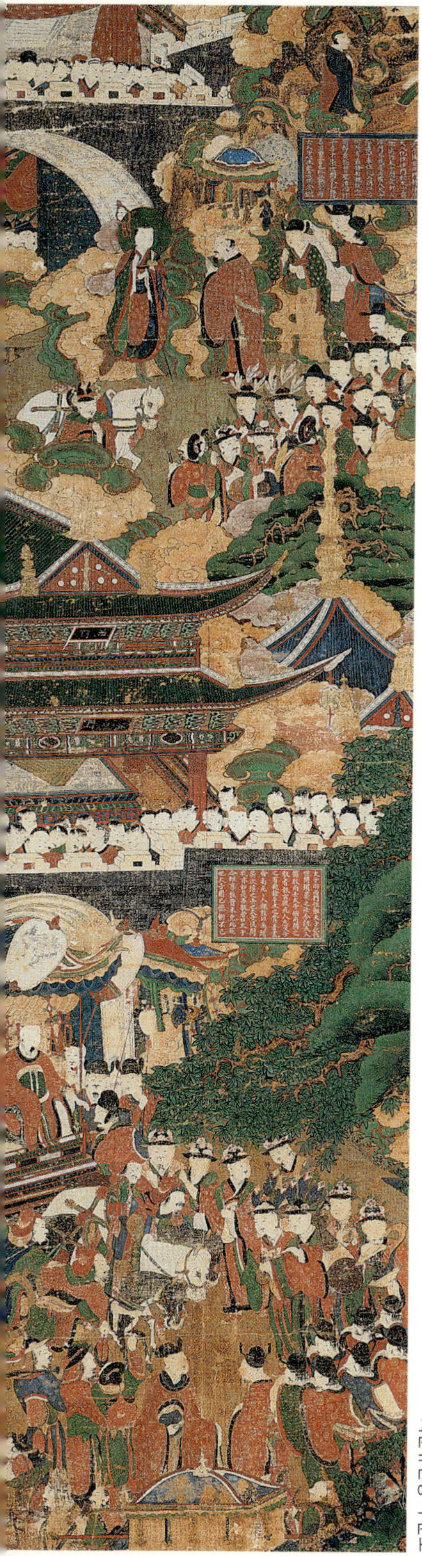

사문유관상 부분도

사문유관상(四門遊觀相) 1

피고 지는 연꽃도 고통이었구나

싯다르타 태자, 카필라성에서 생로병사를 고뇌하다

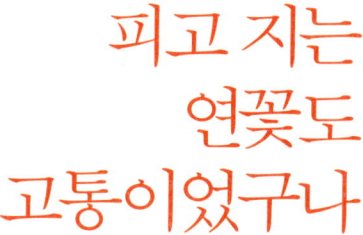

우주의 모든 고통을 없애리라

　나는 지금 인도의 삐푸라하와 지역에 있는 고대 도시 카필라성으로 가고 있다. 물론 일부 고고학자들이 카필라성이라고 확신하는 네팔의 틸라우라코트 지역에도 가볼 것이다. 고고학자들은 카필라성의 위치를 놓고 오랜 동안 설전을 벌이고 있지만 그들의 어떤 주장도 나를 흥미롭게 하지는 못한다. 나는 두 곳을 모두 순례하며 부처님의 체온과 숨결을 더 많이 경험하고 싶을 뿐이다.
　룸비니 동산에서 태어난 싯다르타 태자가 부왕 슛도다나의 사랑을 받으며 성장한 곳이 바로 카필라성이다. 태자는 출가하기 전까지 카필라성에서 태자의 신분으로 어린 시절에는 새에게 먹힌 벌레 한 마리를 보고 연민과 사색에 휩싸이기도 했고, 청년기에는 전장의 장수처럼 말을 타고 활의 시위를 당기며 몸을 단련했고, 결혼할 때가 되어서는 자존심 강한 아쇼다라를 만나 천진난만한 아들 라훌라를 낳아

세속의 정을 느껴보기도 했던 것이다.

　드넓은 들판에는 명주실 같은 아침 햇살이 축복처럼 쏟아지고 있다. 뜨거워지는 대지 위에서 농부들은 흰 소를 앞세우고 써레질하기에 바쁘다. 수줍게 드러난 흙의 속살에서는 아지랑이가 모락모락 피어오르고 있다. 2천 5백여 년 전 싯다르타 태자가 카필라성에 계실 때에도 성 밖의 농부들은 저런 모습으로 고달픈 하루를 시작했으리라.

　흔들리는 버스 안에서 나는 또 상념에 잠긴다. 문득 카필라성의 들판 아지랑이처럼 헤르만 헷세의 소설〈싯다르타〉가 떠오른다. 헷세가 부처님을 묘사하고 서술하는 방식은 귀납적이다. 부귀영화가 덧없음을 알고, 그리하여 고행의 길을 선택하여 무엇에도 의지하지 않고 스스로의 힘으로 깨달음에 이른다는 성장소설의 틀에서 부처님을 해석하고 있는 것이다.

　기독교 문명 속에서 자란 헤르만 헷세의 관점은 그럴 수밖에 없었으리라. 한 인간이 전지전능한 신(神)의 구원에 의지하지 않고 스스로의 이성과 의지로 '깨달은 성자'가 되어가는 과정은 신의 울타리를 벗어나본 적이 없는 헷세와 같은 서양의 지성인들에게는 큰 충격이었고 감동이었을 터이다.

　나도 불교의 우주관을 모르고 부처님을 깊이 알기 전까지의 관점은 그랬다. 29세에 출가하여 35세에 정각을 이루는, 즉 부처가 되어가는 성불에 공감하고 감동했던 것이다. 그러나 나는 그러한 관점을 수정한 지 오래다. 부처님이 지구별에 내려온 것은 모든 중생을 구제하겠다는 원력에 의한 선택이기 때문이다. 그러니 이 지상에서의 부처님

인도의 소달구지 · 사탕수수를 수확하는 계절이 되면 인도의 소들은 바빠진다

인도의 열차 · 지평선과 지평선을 오가는 인도 열차는 길다.

일생은 중생들에게 보여주기 위한 '방편의 삶'일 뿐이다.

지금 내가 부처님을 바라보는 방식은 연역적이라고 할 수 있다. 전생의 공간, 즉 도솔천에서는 보살로 살았는데 금생이라는 지구별의 공간에서는 잠시 방황하는 한 인간의 배역을 맡다가 다시 부처로 돌아가고 있기에 그렇다. 그 이유는 룸비니 동산에서 외친 탄생게에서 이미 선언한 바 있다.

하늘 위와 하늘 아래 오직 나 홀로 존엄하도다.
삼계가 모두 고통에 헤매나니 내 마땅히 이를 편안케 하리라.

전생에 보살이 아니었다면 어찌 이와 같은 선언을 할 수 있겠는가. 세상 사람들의 고통을 모두 없애주겠다고 원력을 세운 이의 존재가 어찌 하늘 위아래서 홀로 존엄하지 않을까. 그것을 오만과 교만이라고 평하거나, 신화 속으로 생각을 옮기며 얼버무릴 일이 아니다. 우주의 모든 고통을 없애겠다는 원력을 가진 자보다 더 위대한 존재가 어디 있겠는가. 탄생게는 부처님의 자비 선언이 아닐 수 없다.

버스가 흙먼지를 일으키며 도착한 곳은 카필라성의 동문 앞—. 나는 버스에서 내려 부처님의 진신사리를 봉안했던 스투파를 향해 걸어가고 있는 중이다. 한 발 한 발 내딛을 때마다 희열이 목젖을 타고 넘어온다. 부처님의 그림자가 살랑살랑 어른거리는 땅에 입을 맞추는 기분이다. 카필라성의 흙냄새는 연꽃 향기와 같다.

부처님이 열반하시자, 진신사리를 공평하게 8등분하여 8기의 사리탑에 모셨다는 것은 다 아는 사실이다. 카필라성의 이 스투파도 8기의 사리탑 중에 하나이다. 실제로 이곳의 스투파에서 진신사리가 담긴 사리함이 발견되었는데, 사리함에는 '이것은 석가족 세존의 사리함으로서, 그의 형제자매 처자들이 모신 것이다'라는 명문이 씌어져 있다. 또한 스투파 앞쪽의 승원 터에서는 '옴 데바푸트라 승원, 카필라성 비구상가'라는 테라코타의 인장 자국이 발견되어 이곳이 카필라성이라는 것을 증명하고 있다.

이곳에서 발견된 사리함은 현재 델리국립박물관에 보관되어 있는데, 나는 6년 전에 그곳을 찾아가 부처님의 진신사리를 친견한 적이 있다. 그때의 메모를 보니 이렇게 적혀 있다.

'사리' 하면 오색영롱한 구슬을 떠올리는데 세존의 진신사리는 말 그대로 세존의 뼛조각으로 약간 검은 빛을 띠고 있다. 그래서 세존에게 더욱 친근감을 느꼈다. '이미 우리 곁을 떠나버린 초인이거나 신비한 각자(覺者)가 아니라 그도 역시 사람이었구나!' 하는 느낌이 강하게 들었던 것이다.

살아 있는 모든 것은 다 행복하라

히말라야 산자락에서 수도하던 늙은 아시타 선인(仙人)도 부처님이 탄생하였다는 소식을 듣고 이를 축복하기 위해 카필라성을 찾아오게 된다. 카필라성의 모든 사람들은 아기를 태자 싯다르타라고 불렀지만 늙은 고행자 아시타는 천안(天眼)으로 한눈에 아기 태자가 부처가 될 것임을 알아보았던 것이다. 아시타가 부처님을 알아본 것은 결코 신비한 일도 아니고 불가사의한 일도 아니었다. 아시타는 히말라야 산자락에서 오랫동안 고행하여 우주의 실상을 있는 그대로 볼 수 있는 경지를 얻었기 때문이었다.

아시타는 제자를 데리고 카필라성의 궁문 앞에서 숫도다나왕을 기다렸다. 왕은 반갑고 정중하게 늙은 고행자를 맞이했다. 와타나베 쇼코가 쓴, 내가 보기에는 최고의 부처님 일대기인 《불타 석가모니》를 읽어보면 이 광경은 더욱 생생하게 다가온다.

왕은 기뻐하면서 선인을 맞이했다. 찾아온 사연을 듣고 나서, 지금은 태자가 잠들어 있으니 잠시 기다려달라고 말한다. 하지만 아시타 선인은 이렇게 말한다.

"태자 같은 분이 그렇게 오래 잠드실 까닭이 없습니다."

그래서 가보니, 태자는 벌써 깨어 있었다. 왕은 몸소 태자를 안고 와서 선인의 품에 넘겨준다. 선인이 갓난아기를 안고 그 모습을 자세히 살펴보니, 신들보다도 훨씬 거룩하고 태양보다도 빛났다.

"마침내 대장부가 세상에 출현하셨구나!"

이렇게 감탄하더니 갑자기 큰 소리로 슬피 울면서 눈물을 흘린다.

이 광경을 보고 왕을 비롯해 양어머니와 일족들이 모두 함께 운다.

이윽고 왕은 아시타 선인을 보고 청한다.

"이 아이가 태어났을 때 점치는 사람들을 불러서 보였더니, 다들 기뻐하며 축하해주었습니다. 그런데 당신 같은 큰 선인이 슬피 우는 걸 보니 우리도 걱정이 되지 않을 수 없습니다. 바라건대, 길흉을 알려주십시오."

그러자 아시타 선인은 눈물을 거두고 이와 같이 말한다.

"대왕이시여, 걱정하실 일은 아닙니다. 제가 지금 슬퍼하는 것은 다름이 아니오라, 보시다시피 저는 나이가 들어 죽을 날이 머지않았습니다. 그러니 바른 법도 듣지 못하고 부처님이 세상을 편안케 하시는 것도 볼 수 없습니다. 대왕이시여, 한없는 중생이 번뇌의 불길에 타고 있습니다. 부처님은 진리의 비를 내려 이를 소멸해주실 것입니다. 우담발화가 피는 일이 보기 드물듯이, 부처님 여래가 세상에 출현하는 일도 지극히 드뭅니다. 대왕이시여, 부처님이 보리좌에 앉아 악마를 항복시키고 법륜을 굴리는 것을 보는 사람은 반드시 훌륭한 과보를 받을 것입니다. 저는 그러한 불은(佛恩)을 입지 못하는 것이 한스럽습니다."

그리고 아시타 선인은 태자가 전륜성왕이 아니라 반드시 부처님이 될 것이라고 단언한다. 왕은 이 말을 듣고 매우 기뻐하면서 선인과 그 제자에게 여러 가지 음식을 베풀고 값진 의복을 선물한다. 선인은 제자를 데리고 돌아가며, 제자에게 이렇게 말한다.

"머지않아 부처님이 세상에 출현할 것이니, 너는 출가해 그분의 제자가 되어라."

인도 카필라성 부처님 스투파 · 이곳에서 부처님 진신사리가 발견되었다(델리국립박물관 소장).

이때의 그 어린 제자가 나라카인데, 훗날 부처님이 성도하셨다는 소식을 듣고 바라나시로 가서 제자가 된다.

아시타 선인이나 그의 제자 나라카 사문을 역사적 실존으로 본다면 이 부분의 이야기는 사실을 바탕에 두고 재구성한 것이라고 짐작된다. 늙은 아시타가 눈물을 비치자 숫도다나왕이나 그의 일족이 눈물바다를 이루는 장면은 참으로 인간적이다. 눈물을 흘리는 숫도다나왕에게서 한 자락의 권위도 찾아볼 수 없다. 어느 가정에서나 볼 수 있는 자애로운 아버지의 모습이다. 물론 아시타는 자신의 죽음을 예견하고 부처님과 함께할 시간이 많지 않음을 슬퍼했던 것이고 숫도다나왕의 일족이 울었던 이유는 불길한 생각과 공연한 두려움 때문이었지만, 어쨌든 인간은 누구를 막론하고 눈물을 흘릴 때는 어쩔 수 없이 더욱 인간적인 모습으로 돌아가게 마련이다.

부처님 스투파를 한 바퀴 돌고 나니 연못이 가장 먼저 눈에 띈다. 예전에는 없었는데 남문 터와 서문 터 사이에 단아하게 조성해놓았다. 가까이 가보니 연꽃봉오리가 막 부풀고 있다. 햇살과 바람이 조금 더 애무해주면 활짝 만개하리라.

만개한 연꽃보다 두 손을 모아 합장하고 있는 듯한 연꽃봉오리를 더 사랑하는 사람도 있을 것이다. 나도 절정 직전의 꽃봉오리를 더 좋아하는 사람이다. 카필라성에서 보는 연꽃봉오리는 왠지 어린 태자의 혼이 숨어 있는 듯하다.

12세쯤의 어린 태자.

석가족 후예 · 이들은 아직도 '샤카'라는 성을 쓰고 있다.

숫도다나왕에게는 어린 부처가 아니라 싯다르타 태자일 뿐이었다. 왕이 태자의 이름을 싯다르타라고 지어준 것은 무엇이든 이루어지기를 바라는 소망에서 비롯하였다. 싯다르타는 '성취'란 의미를 가지고 있는 것이다. 숫도다나왕은 싯다르타 태자가 칼과 활을 들지 않고도 적을 굴복시키어 천하를 통일하는 전륜성왕이 되기를 바랐을 터이다.

그러나 태자 싯다르타의 마음은 그것이 아니었다. 살아 있는 모든 존재, 그러니까 벌레 한 마리까지도 행복을 누리는 세상이 되기를 바랐다. 훗날 부처님은 이렇게 말한다.

> 눈에 보이는 것이나 보이지 않는 것이나
> 멀리 또는 가까이 살고 있는 것이나
> 이미 태어난 것이나 앞으로 태어날 것이거나
> 살아 있는 모든 것은 다 행복하라.

부처님의 이 말씀은 숨을 쉬는 유정물만 지칭하는 것이 아니다. 눈에 보이지 않는 우주의 모든 것들이 다 행복하라고 축원하고 있다. 나만 행복해지는 것이 아니라, 이웃이 행복해지고, 우주의 모든 존재가 행복해지는 것이 부처님의 기도였다. 세상의 모든 존재는 '이것이 있으므로 저것이 있다'는 연기(緣起)라는 방식으로 서로 의지해서 존재하므로 하나가 불행하고서는 다른 하나가 행복해질 수 없기 때문이었다.

숫도다나왕은 때때로 불안하지 않을 수 없었다. 태자 싯다르타에게서 부처의 싹을 훔쳐보곤 했던 것이다. 카필라성 밖의 백성들에게 농사를 장려하는 농경제(農耕祭) 행사 때에도 그랬다. 숫도다나왕은 태자 싯다르타에게 백성들을 통치하는 자신의 모습을 보여주려고 했으나 어린 태자의 눈길을 끈 것은 왕이 백성들 앞에서 몸소 끄는 쟁기질보다는 그 쟁기질로 인하여 흙 속에서 드러난 벌레 한 마리였다.

쟁기로 파헤친 흙 속에서 굼벵이 같은 벌레 한 마리가 눈이 부신 듯 몸을 뒤채며 꼬무락거리자, 하늘을 날던 새 한 마리가 갑자기 나타나 뾰쪽한 부리로 그 벌레를 쪼아 먹는 광경이었다. 백성들에게는 사소한 일이었지만 어린 태자에게는 참혹한 장면이었다. 태자는 뾰쪽한 새의 부리에 자신의 살갗이 뜯기는 듯한 아픔을 경험했다.

'왜 저 새는 자신이 살기 위해 저 벌레를 죽여야만 하는가. 왜 저 새는 자신이 행복해지기 위해 저 벌레를 불행하게 만드는가. 살기 위해 서로 먹고 먹히는 저 벌레와 새의 삶이란 고통이 아니고 무엇인가.'

태자는 흐르는 눈물을 참지 못했다. 처음에는 새에게 먹힌 벌레에게 연민을 느꼈지만 나중에는 벌레를 먹을 수밖에 없는 새에게도 연민을 느꼈다. 살아 있는 미물을 해치는 새도 불행하기는 마찬가지이기 때문이었다.

태자는 농경제에 모인 인파를 피해 숲속으로 들어가 하염없이 흐르는 눈물을 닦았다. 왕이 백성들 앞에서 쟁기질을 하고 씨앗을 뿌리며 행사가 끝난 뒤에는 산더미처럼 음식을 쌓아놓고 즐기는 날인데도, 싯다르타 태자는 오히려 우울해진 마음으로 잠부나무 그늘로 들어가 앉아 깊은 생각에 잠겼다. 해가 기울자 나무 그늘도 자리를 옮겨갔으나 태자는 그 자리를 떠나지 않았다.

인도 수행승 · 나는 부처님 제자입니다.

석양이 지는 인도 카필라성·싯다르타 태자는 북문을 나서 수행승을 만난 뒤 출가를 결심했다.

그 모습을 지켜본 숫도다나왕은 태자의 거룩한 얼굴을 보고는 고개를 숙였다. 태자의 얼굴에 반사하는 석양빛이 눈부셨다. 왕은 그 빛에 압도되었지만 마음 한구석에 찬바람이 스산하게 일었다. 가슴이 떨리고 두렵기조차 하였다. 왕은 문득 늙은 고행자 아시타를 만나던 날 가족이 울었던 일이 떠올랐다.

'아들아, 너는 화려한 성 안보다 성 밖의 잠부나무(염부수) 그늘이 더 어울리는 것 같구나. 나는 그것이 두렵고 나를 슬프게 하는구나.'

저 연꽃에도 아름다움과 슬픔의 냄새가 배어 있는 것 같다. 피어남과 시듦이 빛과 그림자처럼 짝이 되어 따르고 있다. 아름다움과 슬픔이 사랑하는 연인의 운명처럼 함께 엉켜 있다.

저 한 송이 연꽃도 윤회의 고통 속에서 진저리치고 있다. 피어남은 시듦을, 시듦은 피어남을 예정하고 명멸하는 불빛처럼 윤회하고 있지 않은가. 그런데도 연꽃은 어찌하여 또 다시 피어나 이 세상에 미망의 향기를 퍼뜨리려 하는 것일까.

문득 T. S. 엘리엇의 장시 〈황무지〉가 생각난다. 시 속에 다음과 같은 불교적 분위기의 내용이 떠오른 것이다.

    4월은 잔인한 달
    죽은 땅에서 라일락을 키워내고
    기억과 욕망을 뒤섞고
    봄비로 잠든 뿌리를 뒤흔든다
    차라리 겨울에 우리는 따뜻했다

인도 카필라성 연못 · 연꽃은 어찌하여 또다시 미망의 향기를 퍼뜨리는가.

순례 중에 만난 구걸하는 소녀 · 살아 있는 모든 존재가 행복해지는 방법은 무엇일까?

망각의 눈이 대지를 덮고
　　마른 구근으로 가냘픈 생명만 유지했으니

　엘리엇이 윤회의 고통을 인식하고 노래한 것은 아니겠지만, 어쨌든 고통스런 삶을 반복케 하는 4월은 잔인하지 않은가. 그렇다고 엘리엇처럼 '차라리 겨울에 우리는 따뜻했다'고 노래하며 망각의 겨울로 돌아가는 것이 진정한 행복은 아닐 터이다. 과거는 이미 흘러가버린 것이고, 미래는 아직 오지 않은 것이고, 자기 자신을 있게 하는 것은 오직 지금 이 순간뿐이기 때문이다. 싯다르타 태자의 번민은 바로 거기에 있었던 것이 아닐까.
　'살아 있는 모든 존재가 삶의 고통에서 벗어나 행복해지는 방법은 무엇일까.'
　그래서 싯다르타 태자는 지금 이 순간 속에서의 순수한 자유, 영원한 행복을 꿈꾸었던 것이다.

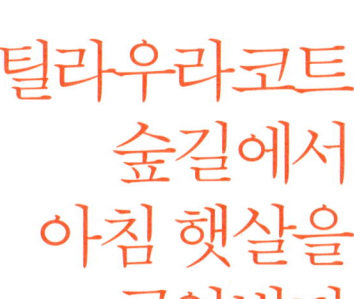

사문유관상(四門遊觀相) 2

틸라우라코트 숲길에서 아침 햇살을 공양받다

싯다르타 태자, 세상을 두루 살피다

사문유관상 부분도

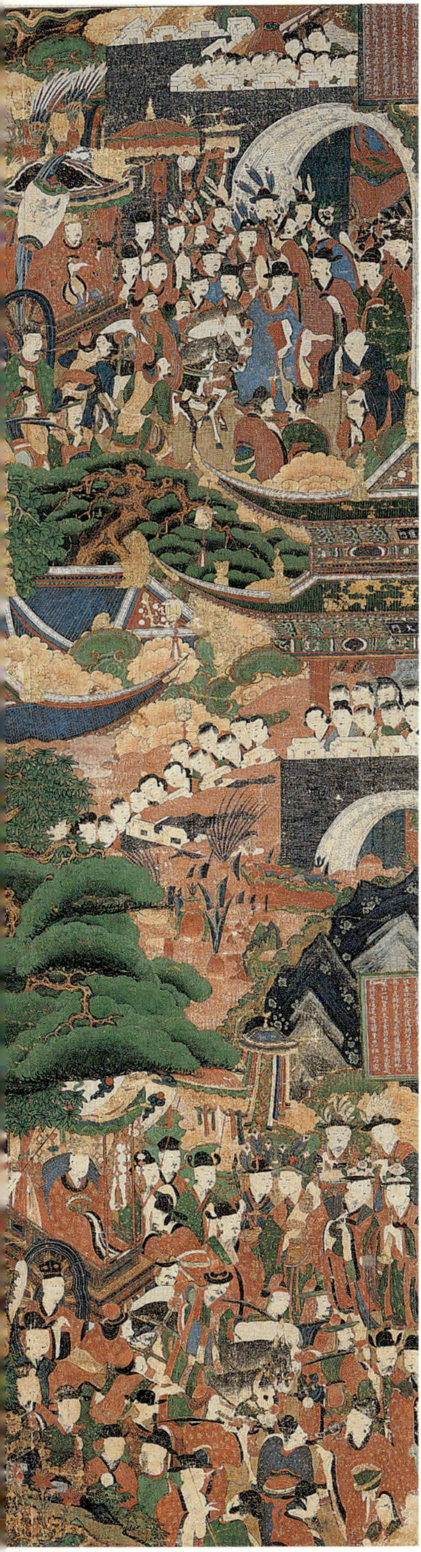

이 세상 모든 아버지의 마음

숫도다나왕은 명상과 사색을 좋아하는 싯다르타를 보면서 잠을 이루지 못했다. 대왕답지 않게 극도로 불안해했다. 그는 싯다르타가 전륜성왕이 되기를 바랐지만 태자는 그의 기대와 반대로 성장하고 있다고 여기었다. 지난 농경제에서 벌레 한 마리가 죽어가는 것을 보고도 싯다르타는 연민의 정에 빠졌었고, 그때 숫도다나왕은 아들의 모습에서 문득 부처님의 자비로운 그림자를 보았던 것이다.

'싯다르타 태자여, 모든 것이 다 이루어지라는 뜻으로 나는 너에게 그런 이름을 지어주었건만 이제는 나의 꿈이 깨어지고 있는 것 같아 마음이 아프구나. 나는 네가 전쟁을 하지 않고도 이기는 전륜성왕이 되기를 바랐지만 너는 어느 날 홀연히 카필라성을 떠나 부처님이 될 것만 같구나.'

숫도다나왕이 아니라도 사랑하는 자식을 대하는 부모의 사고방식

네팔 카필라성을 지키는 수행자 · 살아 있는 모든 것은 다 행복하라.

은 지극히 세속적일 수밖에 없을 터이다. '그래, 출가하는 것이 너의 행복이다. 어서 입산하여 좋은 스승을 만나 도를 이루거라. 도를 이루기 전에는 다시 집으로 돌아올 생각을 하지 말거라' 하고 자식을 집 밖으로 내보낼 부모가 어디 있겠는가. 비유가 적절하다고는 생각지는 않지만 나도 어느 날인가 대학을 다니는 둘째 딸아이가 '아빠, 나도 스님이 될 수 있을까' 하고 넌지시 물어왔을 때 솔직하게 말하지 못하고 '넌 게으르고 야무지지 못해서 스님이 될 수 없다'고 어물쩍 둘러대고 말았던 적이 있다.

숫도다나왕은 싯다르타를 왕궁에 묶어두기 위해 날마다 궁리를 하게 된다. 가장 좋은 방법은 싯다르타를 결혼시키는 일이었다. 아리따운 여인과 결혼하게 된다면 싯다르타는 그 인연의 울타리를 벗어나지 못할 거라고 믿었던 것이 틀림없다.

예전 우리 주변에서도 흔히 보아 왔던 일종의 강제 결혼인데, 어떻게든 아들을 왕궁에 붙잡아두고 싶었던 숫도다나왕 처지에서는 어쩔 수 없는 일이었다. 더구나 당시 풍습으로는 태자가 몇 명의 아내를 두어도 아무렇지 않았으므로 숫도다나왕은 태자비를 구하는 데 적극적이었다. 그래서 싯다르타는 세 번의 결혼을 하고, 세 명의 태자비를 맞게 되었다.

싯다르타를 사랑한 세 명의 부인

　첫 번째 태자비는 '고파'였다. 고파는 '고피카' 혹은 '고피' 혹은 '고타미'로 전해지고 있는데, 그녀는 석가족의 한 가문으로 큰 부자 단다파니의 딸이었다. 그녀는 싱싱하고 풋풋한 미모를 지닌 처녀였으므로 싯다르타의 아우 난다와 사촌동생 데바닷다가 몹시 부러워했을 정도였다.

　이때 싯다르타는 태자비를 빨리 정하고 싶은 숫도다나왕에게 실현되기 어려운 제의를 하게 된다. 금세공 장인을 시켜 아름다운 여인상을 조각케 한 다음, 그 여인상에 태자비가 될 자격을 낱낱이 새기게 하였다. 싯다르타로서는 아버지의 뜻을 거절하기 위해 한 일이었다. 그런데 왕의 명을 받은 신하는 카필라성 안을 돌아다니다가 조각한 여인상과 흡사한 단다파니의 딸을 발견하게 된다.

　할 수 없이 싯다르타는 약속을 지킬 수밖에 없었고, 고파를 만난 싯다르타는 그녀의 목에 자신의 목걸이를 걸어주려 하였는데 그때 그녀는 이렇게 말한다.

　"싯다르타 태자님이시여, 소녀는 태자님의 목걸이를 받을 수 없나이다. 차라리 저의 마음을 바쳐 태자님을 장식해주고 싶나이다."

　그러나 고파는 싯다르타 태자의 정비(正妃)가 되지 못한다. 그 이유는 아이를 갖지 못해서 그랬을 가능성이 크다. 마음이 넉넉했던 그녀는 싯다르타의 두 번째 부인 야쇼다라를 진심으로 도왔으며, 부처님이 성도한 후 카필라성에 다시 돌아왔을 때는 불행하게도 이미 죽은 뒤였다고 한다.

고파가 건강한 야성미를 지녔던 데 비해 새침떼기 아쇼다라는 자존심이 강했다. 아쇼다라의 가문도 석가족으로서 그녀의 아버지는 수프라붓다〔善覺〕왕이었다. 또한 데바닷타와 아난다는 그녀의 친동생이었다.

데바다하성에는 수프라붓다왕이라고 불리어진 왕들이 있었다. 숫도다나왕의 부인인 마야와 그녀의 동생 마하프라자파티의 아버지도 역시 수프라붓다왕이었다. 그러니까 마야부인이나 아쇼다라는 싯다르타의 외가 쪽 왕족이 분명하고, 아쇼다라는 싯다르타 태자의 외사촌 동생뻘일 수도 있는 것이다.

아쇼다라와 싯다르타가 부부로 맺어지게 된 계기도 역시 숫도다나왕의 계산이 작용했다. 숫도다나왕은 카필라성 밖의 아가씨들을 초대하여 싯다르타로 하여금 선택하게 했다. 싯다르타가 마음에 드는 아가씨에게 준비해둔 보석 바구니를 건네주게 했다.

이때 아쇼다라 아버지인 수프라붓다왕은 그녀에게 싯다르타 태자에게 가서 보석 바구니를 받아 오게 했다. 그러나 아쇼다라 공주는 데바다하 성의 왕궁에도 보석이 많은데 왜 카필라성까지 가야 하느냐고 거절했다. 같은 석가족이라고 하지만 아쇼다라는 데바다하성 공주로서 자존심을 내세웠던 것이다.

그러나 그녀는 수프라붓다왕에게 전후 사정의 얘기를 듣고는 데바다하성의 명예를 걸고 카필라성으로 떠났다. 그런데 어쩐 일인지 싯다르타의 태자의 손에는 이미 보석 바구니가 없었다. 아쇼다라 공주는 당황하며 말했다.

"카필라성 태자님이시여, 데바다하성의 공주에게 창피를 주시려고 이러십니까."

싯다르타 태자는 진심으로 미안해했다. 그래서 자신의 옷에 달린 보석을 떼어 아쇼다라 공주에게 주려고 했다.

"데바다하 공주님이시여, 그대는 많은 아가씨들이 떠난 뒤, 그것도 너무 늦게 홀로 왔습니다. 그러니 나는 공주에게 내 옷을 치장한 보석을 드릴 수밖에 없습니다."

아쇼다라 공주의 자존심은 햇볕에 봄눈 녹듯 사라졌다. 싯다르타 태자의 부드러운 태도에 반해버렸다.

"그러지 마십시오. 저는 태자님이 치장하고 있는 보석을 떼고 싶지 않습니다. 제 몸을 태자님께 바치고 싶을 따름입니다."

이와 같은 사실을 신하로부터 보고받은 숫도다나왕이 즉시 아쇼다라 공주의 아버지인 수프라붓다왕에게 정식으로 청혼을 하였고, 아쇼다라는 비로소 싯다르타 태자의 정비가 되었다.

그런데 아쇼다라의 자존심은 태자비가 되어 카필라성을 들어설 때도 스스럼없이 드러난다. 원래 태자비는 외출할 때 얼굴을 베일로 가리고 다니게 돼 있는데, 아쇼다라는 베일을 벗은 맨 얼굴로 당당하게 거리를 걸었다. 시녀가 만류했지만 새침떼기 아쇼다라는 이렇게 말했다.

"흠이 없는 내 얼굴을 베일로 감쌀 게 뭐람."

세 번째 비의 이름은 므리가자 혹은 마노라타 혹은 마노다라라고 전해지고 있는데, 그녀의 아버지 카라크세마도 석가족이었고, 훗날 부처님에게 귀의해서 절을 세웠다고 한다.

므리가자의 특기는 아름다운 목소리로 노래를 잘 부르는 것이었다. 어느 날 싯다르타 태자가 마차를 타고 므리가자 집 앞을 지날 때였다. 마침 므리가자가 싯다르타 태자를 찬탄하는 노래를 불렀던 것인데, 태자는 그 노래에 감동하여 그녀에게 진주 목걸이를 선물했다고 한다.

아무튼 당시 카필라성의 모든 사내들은 싯다르타 태자를 부러워했을 것이 틀림없다. 첫 번째 아내는 건강미 넘치는 풋풋한 여인이었고, 두 번째 아내는 새침떼기에다 내숭이 매력적인 여인이었고, 세 번째 아내는 청아한 목소리로 슬픈 곡이든 즐거운 곡이든 노래를 잘 부르는 여인이었던 것이다.

실제로 경전에 보면 숫도다나왕은 싯다르타 태자가 딴 생각을 하지 못하도록 봄, 여름, 가을에 거처할 수 있는 세 채의 화려한 궁전을 지어주었다고 나오는데, 이는 세 사람의 태자비가 각각 살던 궁전이었을 가능성이 높다.

그러나 싯다르타 태자는 행복하지 못했다. 숫도다나왕이 지어준 궁전이 답답했다. 세 사람의 부인으로부터도 행복을 찾지 못했다. 좋은 옷을 입고, 좋은 음식을 먹고, 아름다운 부인과 잠자리에 드는 것이 순간적인 쾌락은 될 수 있으나 영원한 행복은 아니었다.

이윽고 싯다르타 태자는 화려한 궁전을 감옥이라고 여기기 시작했다. 감각의 노예가 되어 살게 하는 감옥이라고 생각했다. 맛있는 음식과, 번쩍거리는 보석과, 귀를 간질이는 음악과, 혀를 달콤하게 하는 술이 넘쳐나는 궁전이었지만 싯다르타는 그것들이 자신에게 영원한

네팔 카필라성에 있는 숫도다나왕 스투파와 마아부인 스투파(오른쪽)

행복을 줄 수 없다고 깨달았다. 문득 싯다르타 태자는 눈을 취하게 하고, 귀를 취하게 하고, 코를 취하게 하고, 혀를 취하게 하고, 몸을 취하게 하는 것들로부터 도망치고 싶었다. 그럴수록 카필라성 밖으로 무한히 뻗은 세상의 길이 더 궁금했다. 싯다르타의 깊은 성찰이었다. 싯다르타 내면의 부처님 의식이었다. 진리를 바라보는 깨어 있는 눈이었다.

싯다르타의 운명을 관통하는 부처님 의식

　부처님 의식—.
　그것은 틸라우라코트 숲을 투과하는 저 햇살처럼 맑고 투명하지 않았을까. 저 티 없이 맑은 아침 햇살이 잠든 숲을 깨우고 어두운 세상을 밝히고 있으니 말이다. 부처님께서 활동하셨던 2천 5백여 년의 시공을 뛰어넘어 나는 지금 네팔의 국경 지대 틸라우라코트의 숲길을 걷고 있는 중이다.
　무케르지(P.C. Mukerjee) 같은 고고학자는 이곳이 고대 카필라성이라고 주장하고 있는데, 나는 벽돌 무더기만 남은 서문을 통해서 폐허가 된 성 안으로 들어가고 있다. 맞은편 오솔길에서는 꼬질꼬질한 교복을 입은 어린 학생들이 자전거를 탄 채 미소를 짓고 있다. 그리고 안개가 가시지 않은 저 동문 쪽에는 네팔의 한 수행자가 누군가를 기다리고 있다.

《장부경전》이나 《제 14 대본경》에 나오는 '사문유관(四門遊觀)'을 요약하면 이렇다. 어느 날 싯다르타 태자는 부왕 숫도다나왕에게 허락을 받아 성 밖으로 마부을 앞세워 시종을 거느리고 나가게 된다.

첫 번째로 나간 성문이 동문이었다. 싯다르타 태자가 마차를 타고 동문을 벗어났을 때 한 노인이 성을 향해서 쓰러질 듯이 힘겹게 걸어오고 있었다. 노인은 지팡이에 몸을 의지한 채 숨을 헐떡거리고 있었다. 더 가까이서 보니 팔다리는 가죽과 뼈만 남아 앙상했고, 이빨은 다 빠져 볼이 움푹 꺼져 있었고, 쭈글쭈글한 얼굴에는 눈물과 콧물이 흐르고 있었다. 싯다르타 태자는 궁전에서 이런 몰골의 노인을 본 적이 없었으므로 자못 놀라 마부에게 물었다.

"사람이 왜 이런 모습을 하고 있는가."

"이 사람은 늙어서 이러합니다."

"늙은 사람이란 말이냐."

"젊은 사람도 차차 노쇠해져서 기운이 빠지고, 사람들에게 바보 취급을 당하고, 몸을 움직이기가 괴로워지고, 남은 목숨이 얼마 남지 않게 됩니다. 이런 사람을 늙은이라고 합니다."

"너도, 나도 이렇게 된단 말이냐."

"태어난 자는 귀천의 구별 없이 누구나 다 이 괴로움에서 벗어날 수 없사옵니다."

성으로 돌아온 싯다르타는 '늙어가는 괴로움을 벗어나는 길은 없을까' 하고 밤을 새우며 깊은 상념에 잠겼다.

네팔 카필라성 동문 · 싯타르타 태자는 동문 밖에서 병든 늙은이를 보고 괴로워했다.

네팔 카필라성 서문 · 싯타르타 태자는 서문 밖에서 인간의 죽음을 보았다.

싯다르타가 두 번째로 나간 문은 남문이었다. 이번에 만난 사람은 병으로 괴로워하는 병자였다. 그는 자신이 토해놓은 오물에 뒹굴면서 고통스럽게 신음을 내뱉고 있었다. 역시 싯다르타는 성으로 돌아와 '사람은 왜 병에 걸리는 것일까' 하고 사람들을 연민의 눈으로 바라보았다.

싯다르타가 세 번째로 외출한 문은 서문이었다. 마차를 타고 가는데 슬픈 얼굴을 한 사람들이 시신 주위에 모여 있었고 한 여인의 애절한 통곡 소리가 들려왔다. 싯다르타는 시신 곁에 마차를 세우게 하고는 마부에게 물었다.

"죽음이 어떤 것이기에 저렇게 슬피 우는 것인가."

"죽음이란 부모와 형제와 친척들과 영원히 헤어진다는 것이옵니다. 저렇게 우는 부모와 형제, 친척들 또한 언젠가는 죽게 되옵니다."

"그렇다면 너도 나도 죽음을 면치 못한단 말인가. 부모와 모든 사람들과 영원히 이별하지 않으면 안 된다는 말인가?"

"태자님이시여, 사람은 모두가 반드시 죽게 되는 것이며, 누구라도 결코 죽음에서 벗어날 수 없사옵니다."

싯다르타가 네 번째로 외출한 문은 북문이었다. 이번에 만난 사람은 황색 가사를 걸친 출가 사문이었다. 지팡이를 든 수도승은 그윽한 눈으로 길을 바라보면서 천천히 걷고 있었다. 당당한 그의 모습은 늙고 병들고 죽는 것의 괴로움으로부터 벗어나 있는 것처럼 보였다. 싯다르타는 절로 존경심이 우러나 마차에서 내렸다.

"사문이시여, 출가에는 어떤 이로움이 있는 것입니까."

"저는 일찍이 집에 있을 때 생로병사에 관한 것을 직접 겪어보고 모든 것이 덧없음을 알았습니다. 그래서 친족을 떠나 쓸쓸하고 고요한 곳에서 수행하여 해탈할 수 있도록 힘써왔습니다. 제가 수행하는 것은 맑고 성스러운 길입니다. 저는 바른 법을 실천하고 본능을 이기고 큰 자비를 일으켜 사람들에게 안심을 줍니다. 생각과 행동이 조화를 이루어 중생을 보호하고, 세간의 더러움에 물들지 않으며 영원히 해탈할 수 있었습니다. 이것이 출가의 이로움이었습니다."

수도승의 말을 듣자마자 싯다르타는 자신도 출가할 것이라고 결심해버렸다.

'이 길이야말로 내가 찾던 길이다. 이제 나는 이 길을 가고 말 것이다.'

궁전으로 돌아와서도 싯다르타 마음은 요지부동이었다. 자나 깨나 출가하려는 마음뿐이었다. 이제는 아내 야쇼다라의 사랑도, 아들 라훌라의 귀여움도 출가하려는 자신의 마음을 꺾지 못했다. 그동안의 고뇌와 번민은 기름으로 변하여 발심의 불을 활활 지폈다.

경전에는 싯다르타가 네 성문 밖에서 만난 사람은 정거천(淨居天)에서 내려온 천인(天人)의 변신이라고 기록되어 있다. 싯다르타 태자 마음속에 있는 불성을 일깨우기 위해 그랬다는 것인데, 그렇다면 이미 정해진 길로 가는 싯다르타의 운명은 누구도 막을 수 없었을 터였다.

나는 황색 가사를 걸친 네팔의 수행자가 있는 곳까지 숲길을 걸으면서 명상에 잠겨본다. 그는 이방인인 나를 기다리고 있는 것 같다. 나에게 틸라우라코트의 유적지를 설명해주고 일용할 양식을 구하려고 저렇게 기다리고 있음이 분명하다.

네팔 카필라성 모녀 · 성은 허물어져도 길은 사라지지 않는다.

서문 밖 초라한 민가 마당에 화덕을 만들어놓고 이곳을 찾는 순례자들에게 짜파티를 구워 파는 네팔의 아낙네가 떠오른다. 그녀에게 따끈따끈한 짜파티를 구해 와 저 네팔 스님에게 공양하지 못한 것이 아쉽다. 2천 5백여 년 전 싯다르타 태자가 거닐었던 이 틸라우라코트의 숲길을 염치없이 걷자니 미안한 마음이 들어서다. 부처님 의식 같은 아침 햇살이 쌓이는 이 숲길을 걷고 있다는 인연이 너무도 고맙다. 숲길에 떨어진 아침 햇살이 나의 아침 공양이라면 나는 이 세상에서 가장 멋진 공양을 받고 있는 셈이다.

유성출가상(踰城出家相相)

그대의
가르침에서
나는
멈출 수 없다네

싯다르타 태자, 출가하다

인도 수행승 · 나는 부처님 제자입니다.

출가란 자신에게 주어졌던 시간과 공간과의 이별

　출가는 가출과 다르다. 출가는 모든 것을 버리는 행위이다. 반야의 지혜를 얻어 불(佛)을 이루기 위해 세속의 모든 것을 버리는 '위대한 포기'인 것이다. 그러나 모든 것을 버린다는 것이 쉬운 일은 아닐 터이다. 인연과 추억과 습관이 떠나는 걸음을 더디게 한다. 가족의 울타리를 넘어야 하는 혈연의 인연, 자신의 영혼에 단비를 뿌려준 아름다운 추억들, 잠자리의 이부자리처럼 자신을 편안케 해주었던 습관들을 포기하기란 결코 쉬운 일이 아닌 것이다.
　어떤 고승은 애지중지하던 책 세 권을 품속에 넣고 출가했다가 행자 때 절에서 다 태워버렸다 하고, 또 어떤 수행자는 아내를 너무도 사랑한 나머지 아내의 치마저고리를 챙겨 출가했다가 평생을 걸망에 넣고 다니던 중 어느 날 집으로 돌려보냈다고 한다. 나 또한 대학 시절 때 이미 입적하신 구산 노스님께서 출가를 강요하셨으나 문학에 대한 애착이 너무 커 끝내 버리지 못하고 기회를 흘려버린 일이 있었다.

결심이 확고하다는 것은 그만큼 고뇌가 깊었다는 것을 의미한다. 싯다르타 태자의 고뇌와 이별의 무게야말로 그리 간단하지 않았을 것이다. 부왕과 아내, 양모와 자식 간에 정은 물론이고 카필라성에서의 시간과 그 시간에서의 카필라성과 헤어지는 무게를 극복해야 했기 때문이다.

태자는 마부 찬다카를 앞세우고 카필라 성벽을 넘었다고 한다. 성벽의 위치는 동남쪽의 성벽이었던 것 같다. 7세기 초에 카필라성을 찾았던 현장의 《대당서역기》의 기록을 잠시 보자.

'카필라성 동남쪽 귀퉁이에 하나의 정사(精舍)가 있다. 안에는 태자가 백마를 타고 허공을 가르며 달리는 상이 있다. 유성(踰城 : 성을 넘음) 터이다.'

모든 사람이 잠든 한밤중이었다. 싯다르타 태자는 성을 나가기 전에 주위를 둘러보았다. 그러나 지나간 정경들이 머릿속을 빠르게 흘렀다. 특히 남문 밖에서 겪었던 일들이 먼저 떠올랐다. 태자의 출가 전 젊은 날을 짐작해볼 수 있는 기록이 《대당서역기》에 생생하게 보인다.

'카필라 성 남문 밖에 스투파가 있다. 태자가 석가족 청년과 씨름을 하고 코끼리를 내던진 곳이다. 원래 태자는 기예에 능하여 친구들 사이에서 홀로 뛰어났다. 어느 날 코끼리 몰이꾼이 코끼리를 몰고 막 성을 나가려고 했다. 그때 자신이 힘세다고 늘 자부해온 데바닷타가 태자와의 씨름에서 지고 성 밖으로 오다가 코끼리 몰이꾼을 만나 "훌륭하게 기른 이 코끼리는 도대체 누가 타려는 것인가" 하고 묻자 "태자님이 돌아오려 하므로 마중 나가 태워오려고 합니다"라고 대답했다.

씨름에 져서 분한 마음이 들었던 데바닷타는 태자를 싣고 올 코끼리를 끌어당겨 이마를 치고 가슴을 발로 차 죽여버렸다. 남문 밖은 죽은 코끼리 때문에 길이 막혀 사람이 통행할 수 없게 되었다. 태자의 이복동생 난다가 코끼리 몰이꾼에게 "누가 이 코끼리를 죽였는가" 하고 묻자 코끼리 몰이꾼이 "데바닷타입니다"라고 대답했다.

난다는 곧 코끼리를 끌어내어 길을 치웠다. 그런 뒤였다. 싯다르타 태자가 와서 "누가 이런 나쁜 짓을 하였는가" 하고 묻자 코끼리 몰이꾼이 "데바닷타가 죽여 문을 통과할 수 없었는데, 난다님이 와서 코끼리를 끌어내어 길을 치웠습니다"라고 대답했다.

그러자 태자는 코끼리를 높이 들어 올려 성 연못 저쪽으로 던져버렸다. 죽은 코끼리가 땅에 떨어지자 깊은 구덩이가 패었다. 그 지방 사람들은 상타갱(象墮坑)이라 부른다.'

태자의 체력이 이렇게 강인했으니 성벽을 넘는 것쯤은 아무 일도 아니었으리라. 자비로운 태자의 성정으로 보아 연약했을 것으로 연상할 수 있으나 코끼리를 집어던질 만큼 힘이 센 청년이었던 것이다. 힘이 세니 다른 석가족 청년보다 화살의 위력은 쇠북을 뚫을 만큼 더 강했고, 화살이 날아가는 사정거리는 무려 30리 밖이었다. 이와 같은 얘기 역시 현장이 《대당서역기》에 기록하고 있다.

'카필라성 남문 밖 길 왼쪽에 스투파가 있다. 태자가 석가족 사람들과 힘을 겨루면서 활로 쇠북을 쏜 곳이다. 여기서 동남쪽 30여리 되는 곳에 작은 스투파가 있다. 그 옆에 우물이 있는데 그 흐르는 물이 거울처럼 맑다.

태자가 석가족 사람들과 강궁(强弓)을 당겨 재주를 겨룬 곳이다. 화살은 시위를 떠나 쇠북을 뚫고 연못까지 이르러 깃을 떨구었다. 그것이 원인이 되어 맑은 물이 솟은 것이다. 당시 그 고장에 전해오는 말로는 이를 화살샘〔箭泉〕이라 하여 만약 병든 자가 마시거나 목욕하거나 하면 낫는 일이 많고, 멀리 사는 자는 그 진흙을 가지고 가 아픈 곳에 따라 물에 풀어 이마에 바르면 가호를 받아 완쾌되는 경우가 많았다.'

태자가 남문 밖에서 쏜 화살이 30리 밖까지 날아갔다는 것은 과장일 수도 있다. 힘이 셌다는 것을 비유하기 위한 수사적 장치로 보인다. 그리고 화살 깃이 떨어진 우물은 신앙의 대상이 되어 치유 능력을 갖게 됐을 것 같다.

위없는 깨달음을 얻기 전에는 결코 돌아오지 않으리

싯다르타 태자는 출가의 결심은 《오분율》에 나와 있다. 그러니까 백마 칸타카를 타고 성벽을 뛰어넘으면서 이렇게 서원했던 것이다.

　나는 하늘에 태어나기를 원치 않는다.
　많은 중생이 삶과 죽음의 고통 속에 있지 아니한가.
　나는 이를 구제하기 위하여 집을 나가는 것이니

위없는 깨달음을 얻기 전에는 결코 돌아오지 않으리.

태자는 백마를 타고 밤새 동쪽으로 갔다. 새벽에야 마이네야라는 곳에 이르렀다. 현장의 기록에 의하면 옛날 라마국〔藍摩國〕 땅인데, 현재는 인도 고락푸르와 네팔 국경 사이에 있는 지역이다. 태자는 마음속으로 중얼거렸다.

'여기가 바로 내가 세속이라고 하는 새장에서 나올 수 있는 곳이고, 가족이라고 하는 속박에서 떠날 수 있는 곳이며, 말을 버릴 수 있는 곳이구나.'

태자는 곧 마부 찬다카에게 천관(天冠) 속의 마니보(摩尼寶)를 떼어 주면서 말했다. 천관 속의 마니보는 태자임을 증명할 수 있는 보석이었다.

"이 마니보를 가지고 가거라. 돌아가서 부왕께 마니보를 보여드리고 말씀드려라. '태자는 세속적인 욕망을 이미 다 버렸으며, 또한 선업을 쌓아 천상에 태어나고 싶지도 않습니다. 다만 일체 중생이 바른 길을 몰라 헤매면서 생사윤회에 괴로워하고 있는 것을 보고 이를 구제하기 위해 출가하는 것뿐입니다. 나는 아직 젊지만 생로병사에는 정해진 때가 따로 없으며, 지금 젊다고 안심하고 있을 수가 없습니다. 예전부터 훌륭한 왕들은 나라를 내놓고 길을 찾아 숲으로 들어갔습니다. 그리고 수행 도중에 세속 생활로 돌아가는 일은 없었습니다. 내 결심도 그와 같아서, 위없는 깨달음을 얻기 전에는 결코 돌아가지 않을 것입니다.' 이와 같은 내 결심을 부왕께 전해라."

바이샬리 거리 · 부처님이 계실 때는 화려했던 거리가 오늘날에는 궁벽한 골목길로 변해 있다.

태자는 몸에 지니고 있던 모든 보석들을 떼어 양어머니인 이모와 아쇼다라에게 전해달라고 지시했다.

이윽고 찬다카가 울면서 돌아가자, 태자는 칼로 자신의 머리카락을 잘랐다. 그래도 왕자의 흔적이 남아 보였다. 보석을 떼어낸 옷이라지만 수행자의 누더기 가사에 비해 화려했다. 그래서 태자는 자신의 옷을 벗고 해진 옷과 바꿔 입으려 했다. 마침 사냥꾼이 나타나 태자는 어렵지 않게 옷을 바꿔 입었다.

남루한 옷으로 바꿔 입자 이제 태자는 누가 보더라도 숲속에서 정진하는 수행자로 보였다. 싯다르타는 스승을 찾아 계속 걸었다. 가다가 고행하는 두 고행녀(苦行女)에게 공양을 받기도 했다. 여성이지만 집을 떠나 고행하는 그녀들의 태도가 배울 만했다. 싯다르타는 강가강 지류를 따라 다시 남쪽으로 내려가 바이샬리의 발가바 선인을 만났다.

그런데 발가바 선인을 추종하는 바라문 출신의 수행자들은 싯다르타가 이해할 수 없을 만큼의 기행과 고행을 일삼고 있었다. 거꾸로 물구나무를 서 있거나 초식동물처럼 나뭇가지나 풀을 뜯어먹는가 하면, 흙이나 쇠똥을 먹는 고행자도 있고, 맨몸으로 날카로운 가시 위에서 자는가 하면, 꼬물거리는 벌레집에서 웅크리고 앉아 고통을 참는 고행자도 있었다.

싯다르타가 그들에게 물었다.

"선인이시여, 무엇 때문에 고행하고 있습니까?"

"다음 생에서는 천상에 태어나기 위해 고행하고 있습니다."

싯다르타는 육체를 괴롭힘으로써 다음 생에 안락을 얻는다는 그들의 믿음에 동조할 수 없었다. 밧지족과 같은 동족이 살고 있는 미티라 성에서는 양을 죽여 제사를 지내는 선인도 있었다.

"선인이시여, 무엇 때문에 양을 죽여 제사를 지내고 있습니까?"

"다음 생에 복을 받기 위해 그렇습니다."

싯다르타는 그들에게 살아 있는 짐승을 죽이는 것은 죄악이자 악행이라고 말했으나 그들은 듣지 않았다. 그중에 한 선인이 해탈을 구하는 싯다르타의 마음을 간파하고, 바이샬리 근처에 아라다 카라마라는 선인이 있으니 만나보라고 권유하여 싯다르타는 그곳을 떠났다.

싯다르타, 첫 스승을 찾아가 만나다

실제로 바이샬리 교외에는 아라다 카라마 선인이 제자 3백여 명을 거느리고 있었다. 싯다르타는 그의 명성을 이미 듣고 있었으므로 가르침을 받고 싶었다. 밧지족의 일족인 릿차비인들의 도읍인 바이샬리 교외 숲은 당시 수행자들이 모여들어 사는 땅이었고, 강가강 남쪽의 마가다국 사람들과 달리 황색 인종인 석가족 사람들과 외모가 비슷했다.

싯다르타가 그곳에 도착하자 아라다 카라마의 제자가 스승과 그의 동료들에게 알렸다.

"여러분, 놀라지 마십시오. 한 수행자가 바이샬리로 걸어오고 있습니다. 그분은 우리와 피부색이 비슷한 석가족이 틀림없습니다. 당당하고 거룩한 모습은 왕자 출신 같고 마치 저 하늘에 뜬 태양과 같습니다. 실수하지 말고 그분을 정중하게 맞이합니다. 제사 일은 다음에 준비합시다."

아라다 카라마도 싯다르타를 마음으로 환영했다. 두 사람은 인사를 나눈 뒤 곧 대화를 나누었다. 싯다르타는 아라다 카라마의 가르침을 다음과 같이 이해했다.

인간은 무지로 인하여 삶과 죽음의 고통을 끝없이 윤회하며 겪지만, 수행을 바르게 하면 생사윤회의 고통에서 해탈할 수 있다. 수행에 필요한 것은 생각을 한 곳에 집중하는 선정인데, 이것에 의해서 지혜에 이를 수 있다.

여러 가지 수행 중에서도 중심을 이루는 것은 선정(禪定)이다. 선정은 좌선해 정신을 통일하는 일이다. 그 정신적 체험에는 여러 단계가 있는데, 스승의 지도와 본인의 근기나 정진에 따라 어느 경지까지 나아갈 수 있으나 수행자마다 차이가 있다. 아라다 카라마 자신은 '무소유처정(無所有處定 : 마음을 무소유라고 관하는 선정)'까지 이르렀으나, 그것은 아직 최고의 단계는 아니었다.

수행하여 얻은 가르침을 다르마, 즉 법이라고 부르며, 깨달음은 주로 선정에 의해서 이룰 수 있다.

아라다 카라마는 자신의 가르침은 독창적인 것이 아니라고 보았다. 예전의 여러 선인들이 실천해온 것들을 아라다 카라마가 자신의 가르침으로 정리했다는 것이다.

원숭이 연못에 어린 아쇼카왕 석주·사자상이 부처님 열반지인 쿠시나가라를 보고 있다.

대림정사 중각강당 터 · 싯다르타 태자는 출가하여 이 부근의 숲에서 첫 스승을 만났다.

아라다 카라마도 다른 교단의 지도자와 마찬가지로 수행과 제사를 병행하고 있었다. 탁발이 아닌 제사를 지냄으로 해서 의식주를 해결하고 있었다.

싯다르타를 만난 아라다 카라마의 나이는 120세였다. 싯다르타는 아라다 카라마에게 말했다.

"카라마시여, 나는 이 법과 율에서 범행(梵行)을 닦고자 합니다."

'법과 율'이란 아라다 카라마 교단의 교리를, 범행은 수행을 뜻했다. 그러니까 요즘말로 하자면 이런 말이었다.

"스승 카라마시여, 나는 당신의 가르침에 따라 청정한 수행을 하고 싶습니다."

16세에 출가하여 104년 동안이나 수행했으나 아직 해탈의 경지에 이르지 못한 아라다 카라마는 언행이 거룩한 싯다르타를 기꺼이 제자로 받아들였다.

"여기 머무르시오. 그대와 같은 지혜로운 수행자가 우리 법과 율에 따라서 범행을 닦으면 머잖아 최고의 깨달음에 이를 것입니다."

과연 싯다르타는 그곳에 머무른 지 얼마 되지 않아 선정을 얻었고, 그 경지를 아라다 카라마에게 말했다. 그러자 아라다 카라마는 자신이 깨달은 무소유처(無所有處)라는 선정을 가르쳐주었다. 무소유처란 말 그대로 마음 안팎으로 무념무상의 고요한 경지를 말했다.

다시 얼마 되지 않아 싯다르타는 그 경지마저 깨달았다. 그러자 아라다 카라마는 감탄하며 말했다.

"그대와 같은 수행자를 이 늙은 나이에 만나다니 나는 얼마나 행복

바이샬리 석양 · "내가 얻고자 하는 것은 생사윤회의 고통을 끊는 깨달음이라오."

한지 모르겠소. 내가 수행하여 깨달은 진리를 그대도 깨달았소. 이제 우리 사이에는 아무런 차이도 없소. 앞으로 이 교단의 수행자들을 우리 둘이 힘을 합쳐 가르칩시다."

이 말은 아라다 카라마가 교단에서 자기와 같은 스승의 자격으로 싯다르타를 예우하겠다는 뜻이나 다름없었다. 그러나 싯다르타는 이에 만족할 수 없었다. 이 경지는 무념무상의 선정삼매에 들어 마음이 평안할 수는 있으나 생사윤회를 해결하는 깨달음의 경지가 아니기 때문이었다.

'카라마의 가르침에 의해서 나는 무소유처의 선정삼매에 들 수는 있었다. 그러나 내가 얻고자 하는 것은 생사윤회의 고통을 끊는 깨달음이 아니었던가. 내가 얻고자 하는 것은 위없는 깨달음이요, 생사해탈이다. 카라마여, 그대의 가르침에서 나는 멈출 수가 없다네.'

그래서 싯다르타는 교단을 함께 거느리자는 아라다 카라마의 제의를 뿌리치고 다시 길을 떠났다.

설산수도상(雪山修道相)

아, 싯다르타는 이미 목숨을 마쳤구나

싯타르타 사문, 6년 고행하다

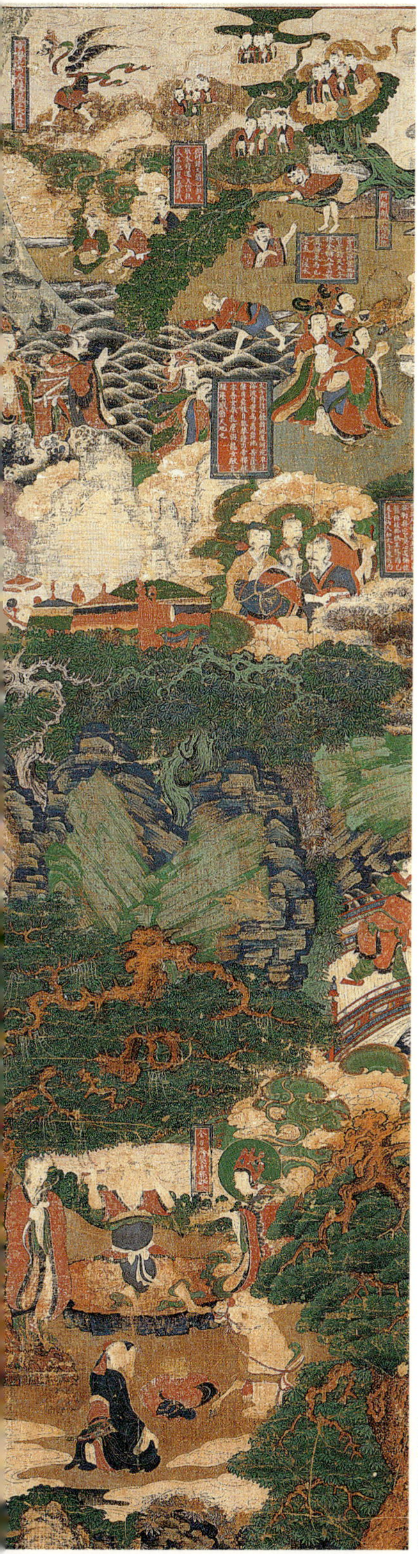

설산수도상 부분도

부처님은 설산에서 수도하지 않았다

몇 년 전에 나는 히말라야를 보기 위해 네팔을 간 적이 있다. 《팔상록》을 보면 부처님께서 설산에서 고행했다는 설산수도상이 나오기 때문이었다. 시골의 시외버스 정류장처럼 생긴 네팔의 수도 카트만두 공항에서 곧장 흰 눈이 푸르게 빛나는 안나푸르나 산봉우리 부근까지 버스를 타고 갔던 것이다. 페와 호숫가 민가에서 하루를 보내며 안나푸르나의 만년설을 눈에 담으면서 부처님의 영혼에 빛깔이 있다면 바로 저런 서늘한 눈빛이 아닐까 하고 감격해했다.

그러나 그 후 부처님의 유적지를 다시 순례하면서 《팔상록》에 나오는 설산수도상에 의문을 갖기 시작했다. 카필라성을 나온 싯다르타가 히말라야에서 고행한 적이 없기 때문이었다. 싯다르타는 강가강을 넘나들며 남쪽으로 갔다가 다시 마가다국을 향해서 서남쪽으로 내려갔던 것이다.

그렇다고 '설산수도상'이 아무런 의미가 없는 것은 아니었다. 싯다르타의 모진 고행을 강조하기 위해 설산수도란 말을 은유로 갖다 붙였던 것은 아닐까 싶었다. 설산에서 고행을 했다면 그것만큼의 혹독한 고행은 없을 테니까 말이다. 우리가 큰 슬픔을 말할 때 창자가 마디마디 끊어진다는 단장(斷腸)이란 단어를 빌려오는 것과 같았다.

싯다르타는 아라다 카라마와 헤어진 뒤 마가다국의 수도 라자그리하로 갔다. 라자그리하 부근의 산에도 존경할 만한 선인이 수행하고 있었던 것이다.

라자그리하 주위에는 영취산 등 다섯 개의 큰 산이 있었다. 싯다르타는 판다바산이라 불리는 그 다섯 개의 큰 산중으로 들어가 조그만 동굴에 자리를 잡았다.

그런 후, 싯다르타는 판다바산 동굴에서 나와 소문으로 들었던 라자그리하의 선인을 찾아갔다. 그 선인의 이름은 우드라카 라마푸트라였고, 그의 제자는 7백여 명이나 되었다. 부근의 산에 머무는 수행자들 대부분이 그의 제자였고, 사람들 모두가 그를 존경하고 있었다.

싯다르타는 우드라카가 어떤 스승의 법을 받았기에 모든 수행자와 사람들로부터 존경을 받는지 궁금했다.

"선인이시여, 스승이 누구인지 궁금합니다."

우드라카는 웃으며 대답했다.

"나는 스승이 없소. 나 스스로 수행을 하여 깨달음을 얻었소."

"선인이시여, 나는 그대가 깨달은 경지를 알고 싶습니다."

우드라카는 싯다르타에게 자신의 가르침을 알려주었고, 싯다르타

네팔 수행자들 · 나는 부처님 제자입니다.

는 판다바산의 동굴로 돌아와 우드라카가 알려준 방법대로 정진했다. 그의 가르침은 어렵지 않았다. 싯다르타는 곧 그 경지에 도달했고, 다시 우드라카에게 가서 말했다.

"당신이 말한 경지는 이런 것이 아닙니까."

"맞소. 이제는 비상비비상처(非想非非想處)를 알려주겠소."

비상비비상처란 당시 수행자들이 얻을 수 있는 최고의 선정삼매를 말했다. 우드라카 역시 아라다 카라마처럼 자신의 교단을 함께 이끌어 가자고 싯다르타에게 제의했다. 그러나 싯다르타는 그가 가르쳐준 비상비비상처도 생사윤회를 끊는 경지가 아니라고 생각하며 다시 길을 떠났다. 싯다르타는 라자그리하를 떠나 서남쪽으로 향했다. 싯다르타는 수행자들 사이에 고행촌(苦行村)이라고 불리는 우루벨라로 갔다.

라즈기르 거리에서 빔비사라왕을 떠올리다

라즈기르.

한자로는 왕사성(王舍城)이고, 마가다국일 때는 라자그리하로 불렸던 곳이다. 지금은 관광지로 변해 많은 인도인들이 거리를 메우고 있다. 라즈기르에는 불교 성지로서 죽림정사와, 영축산과, 가섭존자의 주도 아래 부처님의 말씀을 정리하여 경을 암송한 칠엽굴이 있다.

죽림정사 안을 서성이는 동안 먼저 떠오르는 사람이 바로 빔비사라왕이다. 빔비사라왕이 부처님을 위해 지어준 절이 죽림정사(竹林精

라즈기르 릭샤꾼들 · 싯타르타 사문은 라즈기르에서 두 번째로 수행자들의 스승을 만났다.

라즈기르의 여인들 · 마가다국의 여인들처럼 현재의 인도 여인들도 농사를 짓는다.

숨)이기 때문이다. 죽림정사는 불교 역사상 최초의 절인 셈이다.

그러나 최근에 시멘트로 복원한 절은 조악하기 짝이 없다. 마가다국의 빔비사라왕이 지어 바친 절이라고 보기에 민망할 정도이다. 그나마 위안이 되는 것은 경내에 자라고 있는 대나무 숲이다. 대나무 숲 속에 지어진 절이라 해서 죽림정사라고 했던 것이다.

빔비사라왕이 왜 부처님을 위해 절을 지어주었을까. 아무리 불교 신자라 하더라도 어떤 동기가 있었을 법하다. 그렇다. 빔비사라왕이 부처님을 흠모하게 된 것은 오래 전의 일이었다. 싯다르타가 선인을 찾아 바이샬리에서 라자그리하로 왔을 때 빔비사라왕이 먼저 높은 누각에서 싯다르타를 보았던 것이다.

그때 싯다르타는 바리때를 손에 들고 탁발 중이었다. 거리로 탁발 나온 수행자들이 많았지만 싯다르타의 모습은 그들과 달랐다. 눈은 지그시 반개하고 있었고, 걸음걸이는 사자와 같이 당당했다. 그의 몸에서는 해와도 같이 빛이 나는 듯했다. 사람들은 구경거리라도 생긴 듯 싯다르타 뒤를 무리지어 따랐다. 누각에서 싯다르타를 바라보던 빔비사라왕도 놀랐다.

"사람들에게 나보다 더 존경받는 사문이 있다니. 저 사문도 왕족 출신일지 모른다."

젊은 빔비사라왕은 질투심이 났다. 그래서 시종하고 있는 신하에게 말했다.

"저 사문이 머무는 곳이 어디인지 알아보고 오라."

즉시 한 신하가 탁발을 마친 싯다르타를 뒤를 쫓아갔다. 싯다르타

죽림정사 · 빔비사라왕이 부처님께 기증한 최초의 불교 사원

죽림정사 대숲의 불상·동자승처럼 천진하여 마음이 편안해지는 부처님상이다.

는 판다바산 동굴로 들어가 신하의 인기척에도 상관하지 않고 선정에 들었다.

싯다르타는 빔비사라왕이 판다바산에 도착해서야 선정에서 깨어났다. 빔비사라왕은 마차에서 내려 산 위로 걸어오느라 땀을 흘리고 있었다. 싯다르타가 말했다.

"그대는 누구십니까?"

"나는 마가다국 빔비사라왕이오."

그제야 싯다르타가 미소를 지으며 일어나 합장을 했다.

"사람들이 당신 뒤를 따르는 것을 보니 당신은 훌륭한 왕족 출신 같소. 그런데도 출가하여 탁발하며 수행하다니 슬픈 일이오. 나는 당신이 우리 마가다국에 편히 머물 수 있도록 도움을 주겠소. 당신은 어디서 온 누구시오?"

"나는 카필라성 숫도다나왕의 아들 싯다르타입니다."

"왕이 되지 않고 어찌하여 사문이 되었소?"

"나는 삶과 죽음의 고통 속에서 괴로워하는 많은 중생들을 구제하기 위해 출가를 했습니다. 그러니 부처와 같은 위없는 깨달음을 얻기 전에는 수행을 멈추지 않을 것입니다."

"그렇다면 나에게 약속을 하나 해줄 수 있겠소?"

"무슨 약속입니까?"

"부처가 된 후에도 마가다국을 다시 찾아와 내게 가르침을 줄 수 있겠소?"

싯다르타는 미소로 대답했다. 실제로 싯다르타는 부처가 된 후 라자그리하로 돌아와 다섯 살 아래인 빔비사라왕에게 가르침을 주었고, 그로부터 죽림정사를 기증받았다.

네란자라강 모래밭을 걸으며

강가강의 지류인 네란자라강은 물이 말라 모래밭이 더 커져 있다. 나는 차에서 내려 일부러 끝없이 펼쳐진 모래밭을 걷고 있다. 가끔 바람이 불어 먼지 같은 미세한 모래가 날아와 눈을 뜨지 못하게 한다.

나는 모래밭에서 가부좌를 틀어본다. 힌두교 수행자인 듯한 청년이 오두막에서 나와 나를 멀거니 바라보지만 나는 그를 의식하지 않고 네란자라강을 응시한다.

2천 5백여 년 전, 라자그리하를 떠난 싯다르타도 이 모래밭에서 가부좌를 틀었었다. 그때 싯다르타는 가부좌를 튼 채 이렇게 자신과 약속한다.

'아라다 카라마와 우드라카 라마푸트라도 내게 생사윤회를 끊는 가르침을 주지는 못했다. 선정삼매에 드는 것만으로는 생사윤회하는 중생의 고통을 어떻게 구제할 수 있단 말인가. 수행자들에게 가장 존경을 받는 두 선인에게서도 위없는 깨달음을 얻지 못했으니 이제는 내가 스스로 깨닫는 방법밖에는 없다.'

자신과 약속하는 싯다르타의 모습은 비장했다.

'위없는 깨달음은 남에게서 얻어지는 것이 아니리라. 위없는 깨달

네란자라 강변 마을에서 만난 소녀 · 싯타르타 사문은 이 마을을 지나 네란자라강을 건넜다.

네라자라 강변 마을의 아이들

음은 내 스스로 얻을 수밖에 없으리라.'

싯다르타는 고행촌으로 불리는 우루벨라를 향해 네란자라 강가 모래밭을 걸어갔다.

'두 선인에게 배운 선정삼매는 내가 도달하고자 하는 깨달음이 아니다. 그것은 무념무상의 경지로 마음을 안내할 뿐 생사윤회를 끊게 하지는 못한다. 부처와 같은 위없는 깨달음을 얻으려면 이제 내 스스로 고행하여 깨닫는 수밖에 없다.'

싯다르타는 자신이 수행할 장소를 찾아서 네란자라 강가의 산길을 걸었다. 그때 한 무리의 수행자들과 마주쳤다. 그들은 고행을 한 뒤 네란자라강에서 목욕하고 나서 휴식을 취하고 있는 중이었다. 싯다르타가 말했다.

"이곳 우루벨라는 수행하기에 어떻습니까?"

"수행하기에 더없이 알맞은 곳입니다. 강이 있어 목욕하기에 좋고, 농가가 가까워 탁발하기도 좋습니다. 그런데 당신은 누구십니까?"

"나는 카필라성에서 온 싯다르타입니다. 위없는 깨달음을 얻어 생사윤회의 고통을 끊고자 합니다."

"그것은 우리가 고행을 통해서 얻고자 하는 깨달음입니다. 우리와 같이 이곳에서 수행하지 않겠습니까?"

비로소 싯다르타는 네란자라 강가의 전정각산(前正覺山)에서 수행할 자리를 찾아 풀을 깔았다. 그렇게 자리를 잡고 앉은 지 얼마 안 되어 다섯 명의 낯익은 수행자가 다가왔다. 그들은 우드라카 라마푸트라 제자들로 싯다르타를 흠모하여 라자그리하에서부터 뒤따라 온 수

네란자라강으로 걸어가는 여인 · 싯타르타 사문은 이 길을 걸어가 네란자라강에서 목욕했다.

네란자라 강변 마을에서 만난 아버지와 아이들

행자들이었다. 그들은 싯다르타의 가르침을 기대하고 온 수행자들이었다.

'저 싯다르타는 짧은 기간에 우드라카의 경지에 오른 수행자가 아닌가. 그런데도 그것에 만족하지 못하고 우드라카 선인 곁을 떠난 분이 아닌가. 우리는 우드라카의 가르침을 오랫동안 들었지만 스승과 같은 경지에 도달하지 못했는데 저 싯다르타는 우리와 다르다. 위없는 깨달음을 이루고야 말 수행자임에 틀림없다.'

싯다르타는 고행촌의 수행자들이 하는 고행을 보고, 깨달음을 얻기 위한 수행이라기보다는 타성에 젖은 행동일 뿐 진정한 고행은 아니라고 생각했다.

'수행자들 중에 몸과 마음의 탐욕을 버리지 못하고 고행하는 이가 있다. 이는 마치 불을 얻고자 하면서 젖은 나무를 물속에서 마주 비비는 것과 같다. 이러면서 어찌 깨달음을 얻을 수 있을 것인가.

뿐만 아니라 수행자들 중에 비록 몸으로는 탐욕을 끊었다고 하지만 마음으로는 아직 애착을 버리지 못한 이가 있다. 이 역시 불을 얻고자 하면서 젖은 나무를 물속에서 마주 비비는 것과 같다. 이러면서 어찌 깨달음을 얻을 수 있을 것인가.

그러나 수행자 중에 바르게 닦아 몸과 마음의 탐욕을 버리고 조용한 곳에서 고행하는 이가 있다. 이는 불을 얻기 위해 잘 마른 나무를 마른 땅에서 마주 비비는 것과 같아 비로소 불을 얻을 수 있다. 그러므로 심신이 맑고 고요한 상태에서 고행을 해야만 위없는 깨달음에 이를 수 있다.'

전정각산 · 싯타르타 사문이 6년 고행했던 산. 상두산이라고도 한다.

싯다르타는 자신의 몸과 마음이 맑고 고요한 상태에 이르도록 편안하게 수행한 다음 고행을 시작했다. 고행촌에서 누구도 흉내 내지 못할 극한의 혹독한 고행이었다.

결가부좌를 한 상태에서 먼저 호흡을 멈추었다. 그러자 열기가 빠져나가지 못하고 몸 안에 가득 찼다. 겨드랑이에서 땀이 나더니 이마에서도 땀이 비 오듯 했다. 호흡을 막으니 양쪽 귀에서 커다란 공명이 생겨나 풀무질하는 것처럼 소리가 났다. 그래도 귀와 코와 입으로 모든 호흡을 막아버리니 몸 안의 열기가 정수리로 올라가 충돌하면서 예리한 칼로 후벼 파는 듯한 고통을 주었다.

호흡을 계속해서 멈추니 몸 안의 바람이 양 겨드랑이 사이에 사납게 불어닥치며 당장 몸이 풍비박산이 날 것만 같았다. 또 몸 안이 불길에 휩싸이는 듯했다.

호흡을 멈추는 고행을 하면서 단식도 병행했다. 식사의 양을 줄여 하루에 보리 한 톨만 먹기를 계속하자, 몸은 여윌 대로 여위어 배와 등뼈가 달라붙었다. 다시 보리 한 톨에서 삼씨 한 톨로 줄이자 피부 빛깔이 잿빛으로 변해 시체와 같아져 버렸다.

싯다르타는 이와 같은 고행을 6년 동안이나 계속했다. 이를 지켜보던 우드라카의 제자 다섯 명은 싯다르타가 죽을지도 모른다고 고개를 저었다. 훗날 마명보살은 자신이 지은 《불소행찬(佛所行讚)》에 싯다르타의 고행을 이렇게 기록했다.

나는 실로 고행자 중에 최상의 고행자였다. 남들이 바치는 음식도 받

호흡 수행과 단식 수행을 6년 동안 극단적으로 했던 부처님 고행상(유영굴)

유영굴에서 만난 티벳 스님 · 나는 부처님 제자입니다.

지 않았으며 풀과 떨어진 과일만 주워 먹었다. 나는 무덤 사이에서 시체와 해골과 함께 지냈다. 그때 목동들은 내게 와서 침을 뱉고 오줌을 누기도 했으며 귀에 나무 꼬챙이를 쑤셔 넣기도 했다. 내 목에는 여러 해 동안 때가 끼어 저절로 살가죽을 이루었으며 머리는 길어 새들이 찾아들었다.

나는 누구보다도 더한 고독한 수행자였다. 나는 숲에서 숲으로, 밀림에서 밀림으로, 낮은 땅에서 낮은 땅으로, 사람들에게서 멀리 떠나 홀로 지냈다. 그러면서도 나는 모든 생명을 가엾게 여기는 고행자였다. 나아가거나 물러서거나 조심하여 한 방울의 물에도 불쌍히 여기는 마음이 있었다. 그것은 그 가운데 눈에 보이지 않는 작은 벌레들일지라도 죽여서는 안 된다고 생각했기 때문이다.

나는 하루를 대추 한 알로도 보냈고 멥쌀 한 톨을 먹고도 지냈으며 하루에 한 끼, 사흘에 한 끼, 이윽고 이레에 한 끼를 먹고 보름에 한 끼를 먹었다. 그래서 내 몸은 무척 여위었다. 내 볼기는 마치 낙타의 발 같았고, 내 갈비뼈는 마치 오래 묵은 집의 무너진 서까래 같았다.

내 뱃가죽은 등뼈에 들러붙었기 때문에 일어서려고 하면 머리부터 곤두박질했다. 살갗은 오이가 말라비틀어진 것 같고, 손바닥으로 몸을 만지면 몸의 털이 뽑혀 나갔다. 이를 보고 사람들은 말했다.

'아, 싯다르타는 이미 목숨을 마쳤구나. 이제 목숨을 다할 것이다.'

우루벨라에서 이 《불소행찬》 구절을 떠올리면서 내 자신이 얼마나 부끄러웠던지, 그러나 그 부끄러움은 아상(我相)과 집착을 버리겠다

유영굴로 가는 길에 만난 걸인 소녀

유영굴 가는 길에서 장사를 하는 꼬마 장사꾼

는 내게 문득 발심(發心)의 불을 당겨주기도 했다. 지금도 내 책상머리에는 너무도 자비롭고 비장하여 장엄한 《불소행찬》의 이 구절이 내 삶을 반조하는 거울인 듯 죽비인 듯 붙어 있는 것이다.

수하항마상(樹下降魔相)

보리수 아래 가부좌를 트니 신심이 솟구치는구나

싯타르타 사문, 마왕을 항복시키다

수하항마상 부분도

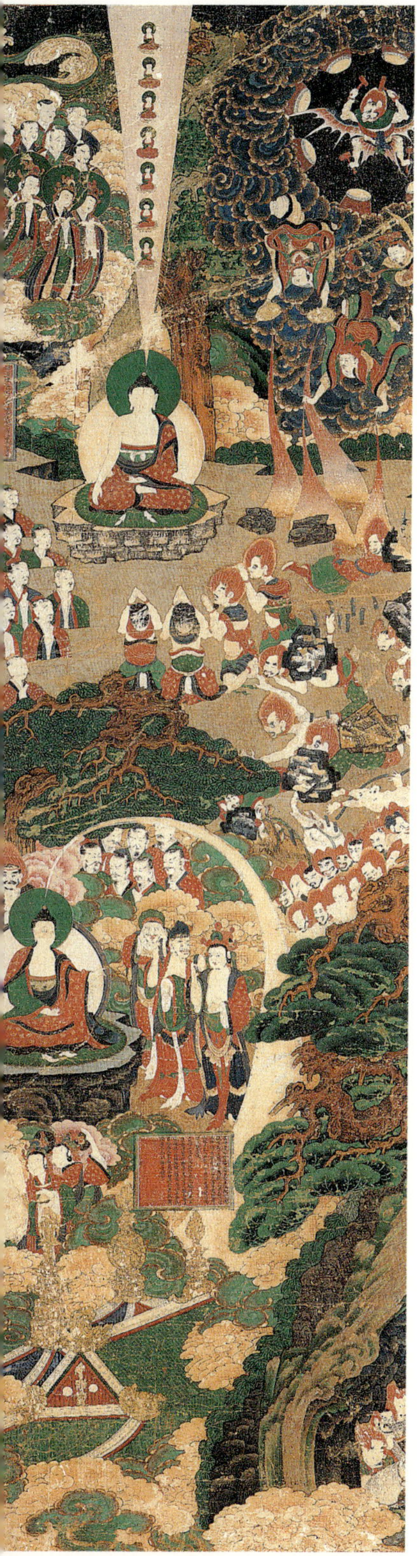

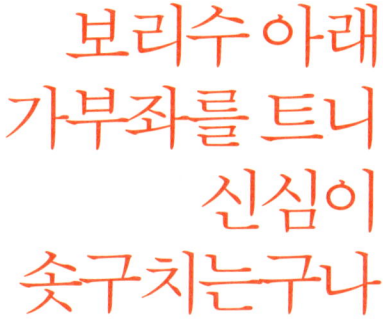

싯다르타, 고행을 버리다

　대탑으로 가는 길은 예나 지금이나 순례자들로 인산인해를 이루고 있다. 대탑이 끌어당기는 중력이랄까, 순례자들이 끊임없이 오가고 있다. 순례자들의 얼굴 색깔도 다양하다. 세계 각국에서 모여든 듯하다. 부처님의 진리가 지구인의 영혼을 적시고 있다는 증거다.

　나 역시 걷고 싶지만 자전거에 의자가 붙은 릭샤를 타고 만다. 릭샤꾼이 다가와 애절한 눈빛으로 하소연해서다. 얼굴이 마른 과일처럼 쭈글쭈글한 릭샤꾼의 나이는 30대 중반으로 보인다. 잡생각이 많은 내 몸무게가 힘겨운지 릭샤가 오르막길에서 멈추곤 한다.

　이윽고 4각 4면으로서 위로 갈수록 뾰족해지는 대탑이 지척에 보인다. 그러나 이곳이 불교의 성지 중에 성지가 된 까닭은 대탑 뒤에서 큰 그늘을 드리운 보리수 때문이다. 바로 그 보리수 아래서 싯다르타가 위없는 깨달음을 이뤘던 것이다. 보리수의 그늘 같은 부처님의 덕

마하보디 대탑과 수행자들 · 부처님의정각을 기리기 위애서 아쇼카왕이 최초로 건립하고 굽타 시대에 현재의 모습으로 중창되었다.

마하보디 대탑의 천불 · 세상 사람들 모두가 부처라는 가르침을 상징하고 있다.

화(德化)는 시공을 초월하여 헤아릴 길이 없다.

순례자들의 특징 중 하나는 걸음걸이가 아름답다는 데 있다. 걸음걸이 모습은 빠르거나 늦거나 하나같이 간절하다. 얼굴빛은 다르나 모두가 땅에 입맞춤 하듯 한 걸음 한 걸음 대탑을 향해 걸어가고 있다. 순간순간 깨어 있다는 느낌이다.

한국 스님들의 모습도 더러 눈에 띈다. 문득 순례자들의 행렬을 따라 대탑으로 가고 있는 내가 부끄러워진다. 깨달음을 이룬 부처님의 자리가 한 점 더럽혀지지는 않을지 걱정이 된다. 전정각산에서 6년 동안의 혹독한 고행을 마치시고 저 보리수 아래 고독하게 앉아 계셨던 싯다르타의 모습이 어른거린다.

6년 동안 고행을 하고 난 뒤, 싯다르타는 수행 방법을 바꾸지 않을 수 없었다. 고행을 더 밀고나간다면 죽을지도 모른다는 생각이 들어서였다. 겨우 한 가닥 목숨만 남은 상태에서 싯다르타는 수행 방법으로써 자신이 해왔던 고행이 최선인가를 생각하지 않을 수 없었던 것이다.

'내가 6년 동안 견디었던 고행보다 더한 고행은 없을 것이다. 나는 고행의 극단까지 가보지 않았던가. 과거에 고행했던 바라문들도 이 정도 수준의 고행이었을 것이다. 뿐만 아니라 미래에 누군가가 고행을 한다 해도 이보다 더하지는 않을 것이다. 그런데도 나는 아직 위없는 깨달음을 이루지 못하고 있다. 그렇다면 다른 길은 없는 것일까.'

문득 싯다르타는 카필라성 시절이 떠올랐다. 부왕과 함께 농경제에 참가했을 때 나무 그늘에 앉아 선정삼매에 든 기억이 떠올랐다. 잠시

마하보디 대탑 보리수 · 순례자들은 보리수를 부처님이라고 여기며 탑돌이를 하고 있다.

욕망의 세계를 벗어났던 그 경험은 고행 없이도 이루어진 삼매였던 것이다. 마침내 싯다르타는 선정을 방편 삼아 생사윤회를 끊는 깨달음에 다가서기로 결심했다.

'고행을 지속한다는 것은 몸을 해칠 뿐이니 나를 위해서도, 세상 사람을 위해서도 좋은 일이 아니다. 그렇다. 선정을 하기 위해서는 우선 지칠 대로 지친 내 몸을 추스려야 한다.'

싯다르타는 건강을 회복하기 위해 공양을 하기로 했다. 그러려면 수행자로서 최소한의 위의를 갖추어야 했다. 싯다르타는 옷을 구하기 위해 공동묘지로 갔다. 공동묘지에는 시체를 쌌던 천 조각들이 널려 있었다. 싯다르타는 천 조각들을 기운 분소의를 입었다.

수자타의 공양을 받고 선정에 들다

다음 날.

싯다르타는 분소의를 걸치고 마을로 탁발을 나갔다. 우루벨라 땅 대부분은 크샤트리아 계급인 장군의 소유지였다. 장군은 1천 마리가 넘는 소들을 가지고 있었고, 소젖을 짜는 어여쁜 딸 수자타가 있었다. 수자타는 새벽에 소젖을 짜 끓인 다음 쌀을 넣고 죽을 쑤어 아침마다 수행자들에게 보시를 했다.

그날도 수자타는 끓인 소젖에 쌀을 넣고 죽을 끓이고 있었는데, 그날따라 죽 위에 만(卍) 자 문양이 나타났다. 수자타는 '상서로운 문양

마하보디 사원에서 만난 동자승과 스님 · 나는 부처님 제자입니다.

이 나타난 이 죽을 먹는 수행자는 부처님이 될지도 모른다'라고 생각하며 가슴을 설레었다. 수자타는 황금 바리때에 죽을 담아놓고 수행자를 기다렸다.

그러나 아침이 다 지나가는데도 단 한 사람의 수행자도 나타나지 않았다. 수자타는 조급한 마음에 시녀 웃타라를 밖으로 보내 수행자가 오는지 살펴보라고 시켰다. 이윽고 웃타라를 따라 들어온 싯다르타는 수자타가 만든 죽을 공양받았다. 죽을 끓이는 동안 만 자가 나타났다는 얘기를 수자타에게 전해들은 싯다르타는 고개를 끄덕였다.

'그렇다. 이 죽으로 힘을 얻은 나는 최고의 깨달음을 이루고 말 것이다.'

싯다르타는 수자타의 공양을 받고 나서는 감사의 표시로 합장을 했다. 싯다르타가 일어서 나가려 하자, 수자타가 말했다.

"황금 바리때를 드리겠사오니 가지고 가십시오."

비로소 싯다르타는 수행자로서 한 벌의 옷과 한 개의 바리때〔一衣一鉢〕가 갖추어진 셈이었다. 우루벨라 마을에서 나온 싯다르타는 수염을 깎고 몸을 씻기 위해 네란자라강에 몸을 적셨다.

이를 지켜본 다섯 명의 수행자는 극도로 실망했다. 싯다르타가 고행을 극단으로 밀고 갈 때만 해도 깨달음이 가까워졌다고 기대했는데, 이제는 그게 아니었다. 그들은 싯다르타에게 속았다며 분하게 여겼다.

"싯다르타는 고행을 6년 동안이나 했으면서도 깨닫지 못한 사람이다. 그런 그가 이제는 세상 사람들과 같이 음식을 먹는구나. 그러니

수자타 마을의 여인들 · 전정각산의 다섯 비구는 이 길을 걸어 탁발을 했다.

수자타 사원의 수타자상 · 수자타가 싯타르타 사문에게 공양한 유미죽에서 만(卍) 자가 드러났다.

수자타 스투파 · 야쇼카왕이 순례를 와서 부처님에게 최초로 유미죽을 공양한 수자타를 위해 조성했다.

수자타 마을 힌두 사원 입구에서 만난 초등학생들

우리는 타락한 싯다르타를 시중들 필요가 없어졌다."

그들은 싯다르타에게 더 이상 기대할 것이 없으므로 앞으로는 스스로 알아서 수행할 수밖에 없다며 녹야원으로 떠나버렸다.

그러나 싯다르타는 그들을 붙잡지 않았다. 우루벨라 마을 저편에 선 보리수를 향해서 천천히 걸음을 옮길 뿐이었다. 싯다르타는 길을 가는 도중에 풀을 깎고 있는 스바티카를 만나 풀을 얻었다. 풀의 이름은 길상초였다. 드디어 싯다르타는 동쪽을 향해 길상초를 깔고 앉아 맹세했다.

내 여기서 위없는 깨달음을 얻지 못한다면 차라리 이 몸이 부서지는 한이 있더라도 마침내 이 자리에서 일어서지 않으리.

싯다르타, 마왕을 항복시키다

보리수 아래 앉은 싯다르타는 자신의 의지를 시험하기 위해 마라 파피야스를 불러냈다. 마라(魔羅)를 줄여서 마(魔)라고 하고, 파피야스를 파순(波旬)이라고 음역하는데, 그 뜻은 '더 이상 없이 나쁜 자'이고, 그가 욕계의 왕이 된 까닭은 일찍이 전생에 단 한 번 보시한 공덕이 있기 때문이었다.

'욕계의 왕은 마라 파피야스다. 그가 모르는 사이 내가 위없는 깨달음을 얻는다는 것은 떳떳치 못한 일이다. 마라를 불러내 나를 시험

해보자. 마라를 항복시키면 욕계의 신들은 모두 내 가르침에 고개를 숙일 것이다.'

욕계의 왕 마라는 세 명의 딸을 보내 싯다르타를 유혹케 했다.

"꽃피는 봄이군요. 나무와 풀도 싱싱하게 자라고 있어요. 사람에게 봄이 있다면 젊은 시절일 것이에요. 젊음은 두 번 다시 되풀이되지 않죠. 당신은 젊고 풋풋하군요. 우리들이 어여쁘지 않은가요. 싯다르타여, 우리와 함께 놀아요."

싯다르타는 조금도 마음에 흔들림이 없었다. 오히려 부드러운 말씨로 그녀들을 타일렀다.

"그대들의 몸은 비록 아름답지만 온갖 악으로 가득해 견고하지 않고 더러움이 흘러 생로병사가 따른다. 손에는 팔찌, 귀에는 귀걸이를 흔들면서 교태 섞인 웃음으로 탐욕의 화살을 쏘지만 지혜로운 사람은 그대들의 욕망을 독약으로 여긴다. 칼날에 발린 꿀은 혀를 상하게 하고 사악한 욕정은 독사의 머리와 같으니 내 이미 모든 유혹을 뛰어넘었다. 그대들은 모두 본래의 모습을 드러내고 물러갈 것이다."

그래도 마라의 세 딸들이 물러가지 않자 싯다르타는 다시 말했다.

"그대들이 천녀의 모습을 하고 있는 까닭은 옛날에 선업을 한 번 닦았기 때문이다. 나쁜 짓을 하게 되면 반드시 지옥에 떨어져 고통을 받게 된다. 그러니 어서 물러가거라."

싯다르타의 이 한마디에 마라의 세 딸들은 모두 추한 노파로 변해 탄식하며 물러갔다. 그러자 마라는 화가 나 보리수를 향해서 태풍과 함께 폭우를 쏟았다. 뿐만 아니라 악귀를 보내 온갖 악행으로 싯다르타의 선정을 방해했다. 그래도 싯다르타가 보리수 아래서 일어나지 않자, 이번에는 마라가 직접 나타났다.

"석가족의 아들, 싯다르타여. 그대는 속히 일어나 이곳을 떠나라. 그대에게는 전륜성왕의 지위가 보장되어 있지 않은가. 이제 세상을 다스리는 위대한 왕이 되어 사람들을 지배하고 오감의 쾌락이 주는 미묘한 맛을 마음껏 즐기라. 석가족의 아들이여! 그대가 추구하는 도는 얻을 수 있는 것이 아니다. 단지 피로만 더할 뿐임을 어찌 알지 못하는가."

이에 싯다르타가 말했다.

"마라여, 그대는 단 한 번의 공양으로 욕계의 왕이 되었소. 반면에 나는 헤아릴 수 없이 많은 생애를 두고 내 몸까지도 중생을 위해 베풀어왔소. 그렇기 때문에 나는 부처의 자리에 오를 수 있는 것이오."

마라는 쉽게 물러서지 않았다.

"전생에 내가 공양한 것은 방금 그대가 말한 바와 같소. 그런데 그대가 전생에 공양한 일을 증언할 자는 아무도 없소. 그러니 이 승부는 그대가 진 것이오."

싯다르타는 당황하지 않고 자신의 손을 대지에 댄 채 말했다.

"만물의 의지처인 이 대지, 움직이는 것이나 움직이지 않는 것이나 모든 것에 공평한 이 대지가 나를 위해 진실한 증인이 될 것이오. 자, 대지여, 나를 위해 증언해다오."

그러자 대지의 여신인 수타바라가 나타나 증언했다.

"당신이 말씀하신 그대로입니다. 저희가 증인이 되겠습니다. 당신

이야말로 인간과 하늘의 스승이 되실 분입니다."

결국 싯다르타는 마왕 마라를 굴복시키므로 해서 선정에 들 수 있었다. 첫 번째 선정과 두 번째 선정, 세 번째 선정, 네 번째 선정에 차례로 들었다. 그날 밤 초저녁에는 전생을 아는 지혜, 즉 숙명통을 얻어서 윤회하였던 수많은 생을 돌이켜 기억할 수 있었다.

한밤중에는 무량한 중생들이 업에 따라 오고 가는 것이 보이는 천안통을 얻었다. 또한 번뇌가 사라지고 그 자리에 지혜가 나타났다. 진리를 보지 못하게 하던 무명에서 벗어났다. 고통의 원인을 하나하나 거슬러 올라가보니 모든 고통에는 무명이 자리잡고 있었다. 이른바 십이연기(十二緣起)의 도리를 관했다.

싯다르타, 마침내 위없는 깨달음을 이루다

마침내 싯다르타가 부처님이 되는 순간이었다. 해탈의 순간이었다.
'나의 해탈은 흔들리지 않는 것이다. 이것이 내 마지막 생애이고, 이 이상 다시 태어나는 일은 없을 것이다.'
생사윤회의 지배를 받지 않게 된 부처님은 다시 한 번 더 자신의 경지를 확인하고 선언했다.

다시 태어나야 할 일은 끝났다.
높은 수행을 하여 마쳤다.

해야 할 일을 모두 마쳤다.

해탈을 얻기 위해

다시 더 수행해야 할 일은 없다.

이러한 것을 스스로의 지혜로 알았다.

새벽이 되어서는 인간의 미세한 고뇌까지 말끔히 씻어버리는 누진통을 얻었다. 먼동이 트기 전, 샛별이 반짝이고 있을 때였다. 그날 아침에도 수자타는 보리수 주변을 청소하기 위해 시녀 웃타라를 보냈다. 그러나 웃타라는 어제와 달라진 싯다르타의 모습에 놀라 집으로 돌아와 수자타에게 알렸다. 잠시 후 웃타라를 앞세우고 보리수 자리까지 달려온 수자타는 깨달음을 이룬 부처님에게 유미죽을 올리며 기뻐했다.

"웃타라야, 나의 공양을 받은 분이 세상에 위없는 깨달음을 얻으셨으니 얼마나 기쁜 일이냐."

맨발로 대탑 경내를 들어가 합장한 채 시계 방향으로 돌아본다. 붉은색 가사를 입은 티벳 수행자들의 오체투지가 눈길을 사로잡는다. 언제 와 보아도 티벳 수행자들의 숫자가 가장 많다. 연령도 동자승부터 노승에 이르기까지 다양하다.

이윽고 부처님이 위없는 깨달음을 이룬 보리수 아래서 나도 가부좌를 튼다. 보리수와 내 몸이 한몸이 되는 것 같은 감동이 인다. 하늘로 치솟은 보리수의 키만큼이나 신심이 솟구치고, 보리수 이파리들만큼

각국의 순례자들 · 보드가야 마하보디 사원은 세계적인 성지가 되어 있다.

이나 순간순간 잘살아야지 하는 신심이 무성해진다.

부처님은 위없는 깨달음을 이룬 뒤에도 7일 동안 이곳에서 선정에 들어 연기를 관하면서 해탈의 법열에 잠겼다. 이레마다 자리를 옮겨가며 칠칠일, 즉 49일 동안 해탈의 기쁨을 누렸다. 둘째 주에는 한 바라문이 나타나 부처님에게 말을 걸어왔으나 그는 모처럼의 기회를 놓치고 만다. 그리고 마지막 주에는 트라프사와 바루리카라는 두 상인이 소달구지에 물건을 싣고 보리수 부근을 지나기도 했다. 그런데 그때 앞서가던 두 마리의 소가 꿈적 않자 거대한 소달구지 행렬이 멈추는 일이 생겼다. 두 상인이 쩔쩔매고 있자, 숲속에서 한 선인이 나타나 말했다.

"상인들이여, 걱정하지 마시오. 부처님이 출현하시었소. 부처님께서 지혜를 주실 것이오. 그런데 부처님은 지금 아무것도 먹지 않으셨으니 그대들이 음식을 공양했으면 좋겠소."

두 상인은 좋은 우유로 쌀밥을 지어 향나무 바리때에 담아 부처님에게 공양을 올렸다. 부처님이 공양을 마치자, 그 공덕으로 꼼짝 않던 두 마리의 소가 움직였다. 두 상인은 부처님의 발밑에 머리를 대고 공손히 예배하면서 말했다.

"우리는 부처님께 귀의하겠습니다. 우파사카(優婆塞 : 재가신자)로 받아주십시오."

이로써 두 상인은 출가하지 않고 부처님에게 귀의한 최초의 우파사카가 되었다.

마하보디 사원 부처님 · 정각을 이룬 35세 부처님의 모습이 지성적이고 풋풋하다.

보리수 아래서 일어나려니 왠지 허전하여 견딜 수 없다. 새벽에 다시 와야겠다고 생각하니 그제야 발걸음이 떼어진다. 부처님에게 미세한 번뇌까지도 말끔하게 씻어주었던 그 샛별과 조우하면서 내 눈과 마음도 맑혀보고 싶어지는 것이다.

녹원전법상(鹿苑轉法相) 1

진리를 들으면 진리를 깨달을 것이다

부처님, 진리를 설하시다

부처님이시여, 감로의 문을 여소서

　서구에서 온 한 여인이 풀밭에 앉아 울고 있다. '진리를 관하다〔法眼〕'라는 뜻을 지닌 다메크 탑을 바라보면서 눈물을 흘리고 있다. 그러나 옆에 앉은 두 명의 그녀 친구들은 웃고 있다. 슬퍼서 우는 것이 아니라 감격에 겨워서 눈물을 흘리고 있다.

　다메크 탑에는 사람의 마음을 끌어당기는 무언가가 있다. 티벳에서 온 여인뿐만 아니라 검은색 가사를 입은 대만의 순례자들도 탑돌이를 하고 있다. 한국에서 온 어린 대학생들도 신기한 듯 탑을 돌고 있다.

　부처님이 최초로 설법한 성지라 하여 아쇼카 대왕이 작은 탑을 조성하였는데, 굽타 왕조에 이르러 현재와 같은 거대한 모습으로 크게 증축되었다고 한다. 높이가 40여 미터에 이르니 우리나라 아파트로 치자면 20층 정도인 셈이다.

　다메크 탑 건너편에는 사슴 동산도 있다. 실제로 사슴들이 풀을 뜯

다메크 대탑 · 다메크에는 진리를 보는 법안(法眼)이라는 뜻이 담겨 있다.

고 있다. 그래서 녹야원(鹿野苑)이라 부르는 모양이다. 현재 이곳의 지명은 사르나트이다. 그런데 부처님은 왜 보드가야 보리수 아래서 위없는 깨달음을 성취하시고 280킬로미터쯤 떨어진 이곳 사르나트로 오셨을까.

당시 사르나트(녹야원)에는 다섯 명의 수행자가 머물고 있었다고 한다. 그들은 우루벨라 고행촌에서 싯타르타 사문이 6년 동안의 고행을 포기하자, 실망한 나머지 또 다른 스승을 만나기 위해 바라나시로 떠났던 수행자들이었다. 그들은 깨달음을 얻지는 못했으나 오랜 동안 변함없이 수행한 사람들이었다. 부처님은 이제 그들에게도 아라한이 될 시절 인연이 찾아왔다고 판단했던 것일까.

그러나 부처님은 선뜻 나서지 못했다. 설법을 한다면 다섯 명의 수행자에게만 할 수는 없었다. 세상의 모든 사람들에게 당신이 깨달은 진리를 설해야 했다. 그것이 바로 부처님이 이 세상에 방편으로 탄생한 의미이기 때문이었다. 부처님은 태어나는 순간 이미 '하늘 위아래 나 홀로 존귀하도다. 삼계가 모두 고통에 헤매고 있나니 내 마땅히 이를 편안케 하리라'고 하늘과 인간세상에 약속하셨던 것이다.

'세상 사람들이 깊고 미묘한 진리를 이해할 수 있을까. 여래가 깨달은 진리가 도리어 해가 되지는 않을까. 너무 어려워 감동하지 못해 외면하지는 않을까.'

이와 같은 부처님의 망설임은 《상응부경전》에 다음과 같이 나온다.

고행 끝에 겨우 얻은 이 법을

사람들에게 어찌 설해야 할까.
오! 탐욕과 노여움에 불타는 사람들에게
이 법을 알리기가 쉽지 않으리라.

그러자 허공에서 범천(梵天, 브라흐만)이 간절한 시로 상념에 잠긴 부처님에게 간청한다.

악마의 군대를 쳐부순 그 마음은
월식을 벗어난 달과 같네
자, 어서 일어나시어
지혜의 빛으로 세상의 어둠을 비춰주시오

그래도 부처님이 생각에 잠겨 있자, 이번에는 대범천이 나서 시로 말한다.

이전부터 마가다국에서는
때 묻은 자들이
부정한 법을 말하고 있습니다
감로의 문을 여소서
청정한 부처님의 진리를
사람들에게 들려주소서

녹야원 사원의 가람 터 · 녹야 가람은 처마가 달린 2백여 척 높이로 웅장했다고 한다.

녹야원 사원에 모셔진 부처님상 · 부처님이 다섯 비구에게 최초로 설법을 했다.

인도 수행승 · 나는 부처님 제자입니다.

범천이 '지혜의 빛으로 세상의 어둠을 비춰달라'는 간청이나 대범천이 '때 묻은 자들이 부정한 법을 말하고 있다'고 한 개탄은 당시 인간세상의 혼탁함을 나타낸 말이었다. 그 혼탁함은 2천 5백여 년이 지난 지금도 현재진행형이다. 부처님은 더 망설일 수 없었다. 부처님은 보드가야 보리수 아래서 다섯 명의 수행자가 머물고 있는 사르나트 녹야원으로 떠났다.

사르나트 박물관에서 약 5분 거리에 챠우칸디 스투파가 있다. 다섯 명의 수행자가 부처님을 맞이했다고 해서 영불탑(迎佛塔)이라고도 부른다. 허물어져 거대한 흙더미 같지만 위로 올라가서 보니 마치 전망대처럼 사르나트와 바라나시가 한눈에 내려다보인다.

영불탑에서 다섯 명의 수행자는 부처님이 멀리서 걸어오고 있는 것을 발견했다. 그들은 그때까지도 우루벨라 고행촌에서 받은 실망감을 떨쳐버리지 못하고 있었다.

"저 수행자는 싯다르타가 아닌가. 6년 동안 고행을 했으면서도 깨달음을 이루지 못한 싯다르타 사문이 아닌가. 세상 사람들과 똑같이 음식도 먹는 타락한 수행자가 아닌가. 우리가 또 다시 고행촌에서 한 것처럼 싯다르타를 시중들 필요가 있을까. 이제 스승의 예를 갖추는 일은 없을 것이다. 그래도 한때 시중을 들었으니 손발 씻을 물과 음식이나 내다주고 그가 무엇을 하던 신경을 쓰지 않으리라."

그러나 그들은 부처님을 가까이에서 보자마자 감격했다. 눈물이 나오려고 했다. 목이 멨다. 빛이 나는 법신(法身)을 보는 것처럼 눈이 부

영불탑 · 다섯 비구가 부처님을 맞이했던 자리

영불탑 안에서 탑돌이를 하고 있는 각국의 순례자들

셨다. 다섯 명의 수행자는 알 수 없는 힘에 이끌려 부처님에게 절하고 시중을 들었다. 한 사람은 부처님의 누더기 가사를 받아들었고, 또 한 사람은 부처님이 앉을 자리를 쓸었으며, 또 한 사람은 발 씻을 물을 떠 오고, 또 한 사람은 부처님의 발을 씻어주었고, 또 한 사람은 부처님이 먹을 음식을 내왔다.

한 사람이 부처님에게 말했다.

"친구여, 가장 윗자리에 앉으시오."

그러자 부처님이 따뜻한 목소리로 말했다.

"이제 그대들은 여래를 친구라고 불러서는 안 된다. 나는 위없는 깨달음을 이루었다. 내 가르침을 따른다면 그대들도 아라한이 될 것이다."

부처님은 다섯 수행자에게 단호한 말투로 자신은 친구가 아니라 여래(如來)라고 말했다.

부처님, 녹야원에서 중도와 사성제를 설하다

사슴들이 부처님의 전생을 얘기해주는 것 같다. 《구색녹경(九色鹿經)》에 나오는 얘기다. 부처님은 전생에 아홉 빛깔의 사슴이었던 적도 있었다. 한 사내가 물에 빠져 허우적거리자 사슴은 자신의 뿔을 디밀어 사내를 살렸다. 그런 후 사슴은 기진맥진하여 쓰러지고 마는데, 그 나라 왕비가 아홉 빛깔의 사슴 가죽으로 만든 방석과 사슴뿔로 만

부처님의 발바닥을 표현한 불족상 · 부처님은 평생 길 위를 맨발로 걸으셨다.

든 부채 자루를 갖고 싶어 했다. 사내는 왕의 상금이 탐이 나서 군사들에게 사슴의 위치를 알려준다. 그 업보로 사내의 얼굴에는 갑자기 종기가 났고, 군사들에게 잡혀온 사슴이 왕에게 전후 사정을 얘기하자, 왕은 사내에게 의리를 저버린 사람이라 하여 벌을 내린다는 얘기다.

동화 같은 부처님의 전생담이지만 상징하는 바가 크다. 사내는 탐욕에 불타는 중생을, 사슴은 혼신의 힘을 다해 중생을 구제하는 부처님을 상징하고 있는 것이다.

현재의 녹야원에는 사슴들이 우리에 갇혀 순례자들이 던져주는 사과나 당근을 먹고 있다. 인도 아이들이 눈빛을 반짝이며 집요하게 사슴 먹이를 사달라고 호객한다. 부처님이 어느 전생에 사슴이었다는 얘기를 알고 있기에 순례자들은 강매(?)를 당한다.

한국에서 온 비구니 스님이 좌선을 하고 있다. 다메크 탑을 부처님인 양 마주하고 가부좌를 틀고 있다. 석양이 기울어 날이 좀 선선해졌다. 녹야원 여기저기서 좌선하는 사람들도 많아지고 있다.

나도 풀밭에 앉아 부처님이 다섯 명의 수행자에게 처음으로 한 설법이 무엇이었는지 상념에 잠긴다. 부처님이 다섯 명의 수행자에게 설법한 시각은 어둠이 녹야원의 사슴들을 부드럽게 감싸고 있을 때였다. 달빛과 별빛이 흘러들어 밤의 정령이 막 활동하는 시간에 부처님도 초저녁부터 들었던 선정에서 막 깨어났다. 부처님 앞에는 다섯 명의 수행자가 간절하게 청법의 예를 갖추고 있었다. 마침내 부처님이 다섯 명의 수행자를 위해 이 세상에 처음으로 법을 설하였다. 그래서 이때의 설법을 초전법륜(初轉法輪)이라고 부른다. 부처님의 음성은

길에서 만난 석양 · 부처님이 가장 좋아했던 망고처럼 붉다.

달빛과 별빛처럼 은은하고 또록또록하게 수행자들의 영혼을 적셨다.

"수행승들이여, 세상에는 두 개의 극단이 있다. 수행자는 그 어느 쪽에 기울어도 안 된다. 두 개의 극단이란 무엇인가.

첫째는 본능이 하자는 대로 욕망의 쾌락에 빠지는 일인데, 이는 천박하고 저속하며 어리석고 무익하다.

둘째는 자기 자신을 괴롭히는 데 빠지는 일인데, 이는 고통스럽고 천박하고 무익하다.

수행자들이여, 여래는 양극단을 버리고 중도(中道)를 깨달았다. 이 중도에 의해서 통찰과 새로운 인식을 얻었고, 번뇌의 세계를 완전히 극복한 니르바나에 이르렀다."

부처님은 계속해서 설법했다. 《전법륜경》의 부처님 말씀은 이렇다.

"수행승들이여, 중도란 이런 것이다. 여덟 가지로 이루어진 성스러운 길이다. 올바른 견해〔正見〕, 올바른 결의〔正思〕, 올바른 말〔正語〕, 올바른 행위〔正業〕, 올바른 생활〔正命〕, 올바른 노력〔正精進〕, 올바른 생각〔正念〕, 올바른 명상〔正定〕이다."

중도를 구체적으로 실천하는 내용이 이와 같은 팔정도(八正道)라면, 중도(中道)와 정도(正道)는 동의어가 아닐까. 중도는 유교의 중용처럼 가운데가 아니라, 올바름과 같은 의미를 가지고 있기 때문이다.

부처님은 이어서 '네 가지의 성스러운' 이른바 사성제(四聖諦)를 설하였다.

"수행승들이여, '괴로움에 대한 성스러운 진리〔苦聖諦〕'는 이와 같다. 태어남은 괴로움이고 늙음도 괴로움이며, 질병도 괴로움이고 죽음도 괴로움이다. 미운 자와 만나는 것도 괴로움이고, 사랑하는 사람과 헤어지는 것도 괴로움이며, 갖고 싶은 것을 가질 수 없는 것도 괴로움이다. 인간을 이루는 모든 물질과 정신의 요소는 다 괴로움이다."

부처님은 괴로움의 원인에 대한 성스러운 진리〔苦集聖諦〕도 설법했다.

"수행승들이여, '괴로움의 원인에 대한 성스러운 진리'란 이와 같다. 다시 태어나는 원인이 되고, 기쁨과 탐욕을 따르며, 여기저기서 즐거움을 찾는 욕망을 말한다. 감각이 이끄는 욕망과 생존하려는 욕망과 죽음에 대한 욕망이다."

세 가지의 본능적인 욕망이 있는데, 그 첫째는 감각적인 욕망이 있고, 두 번째는 살려고 하는 생존의 욕망이 있으며, 세 번째는 생존에서 도피하려는 죽음의 욕망이 있다는 것이다. 이 세 가지의 욕망 때문에 인간은 고통이 끝없이 반복되는 윤회를 한다는 것이다. 그러니까 윤회란 전생과 금생의 생사만이 아니라, 순간적인 상태로는 고통이 있는 한 들숨과 날숨의 반복도 윤회가 된다.

부처님의 설법은 계속되었다.

"수행승들이여, '괴로움의 극복에 대한 성스러운 진리'란 이와 같다. 욕망을 남김없이 없애고 단념하고 버리고 벗어나 집착이 없어지는 것을 말한다."

부처님은 괴로움을 극복하는 데 실천하는 진리〔苦滅道聖諦〕도 설하였다.

"수행승들이여, '괴로움의 극복을 실현하기 위한 길의 성스러운 진

라즈기르 가는 길 · 아침햇살이 쏟아지자 안개가 영축산으로 물러가고 있다.

리'란 이와 같다. 여덟 가지로 이루어진 성스러운 길이다. 올바른 견해, 올바른 결의, 올바른 말, 올바른 행위, 올바른 생활, 올바른 노력, 올바른 생각, 올바른 명상이다."

부처님은 다시 자신의 깨달음을 예로 들어 반복해서 설법했다.

"여래는 괴로움에 대한 성스러운 진리를 발견했다. 그 진리를 철저하게 인식하지 않으면 안 되었고, 이미 철저하게 인식했다.

여래는 괴로움의 원인에 대한 성스러운 진리를 발견했다. 그 진리를 끊어 없애지 않으면 안 되었고, 이미 끊어 없앴다.

여래는 괴로움의 극복에 대한 성스러운 진리를 발견했다. 그 진리를 실현하지 않으면 안 되었고, 이미 실현했다.

여래는 괴로움의 극복을 실현하기 위한 길의 성스러운 진리를 발견했다. 그 진리를 실천하지 않으면 안 되었고, 그리고 이미 실천했다."

부처님은 마지막으로 설법했다.

"수행승들이여, 이 네 가지 성스러운 진리에 대해 이와 같이 각각 3단계로 나누고, 열두 가지 양상에 대해 올바르게 인식함으로써 나는 비로소 부처가 되었다. 나의 해탈은 흔들림이 없다. 이것은 내 마지막 생애이고, 이후에는 다시 태어나는 일은 없을 것이다."

부처님의 설법이 끝나자마자 콘단냐(憍陳如)는 즉시 깨달음을 얻어 아라한이 되었다. 이어서 밧파, 밧디야, 마하나만, 앗사지(馬勝)도 깨달아 아라한이 되었다. 다섯 명의 수행자 모두가 아라한이 된 것이었다. 부처님은 이들 말고도 자신의 가르침을 듣는 순간 아라한이 될 수행자가 누구인지 헤아려보았다.

가장 먼저 떠오른 사람은 바이샬리 교외에서 만났던 첫 번째 스승 아라다 카라마였다. 그러나 그는 이미 이 세상에 죽고 없었다. 라자그리하에서 만났던 두 번째의 스승 우드라카 라마푸트라도 이 세상 사람이 아니니 위없는 깨달음을 알려줄 방법이 없었다.

할 수 없이 부처님은 다섯 명의 아라한과 함께 녹야원에 머물면서 순번을 정하여 바라나시로 나가 탁발을 하며 머물렀다. 이때 바라나시 부호의 아들 야샤스가 출가했다. 야샤스는 시중드는 여자들에 둘러싸여 환락과 애욕에 빠져 살고 있었다.

그런데 야샤스는 어느 날 새벽에 일찍 일어나 밤새 유희를 즐겼던 시녀들의 잠자는 모습을 보고는 크게 실망했다. 시녀들은 조금도 아름답지 않았다. 헝클어진 채 시체처럼 아무렇게나 늘어져 자고 있었다. 야샤스는 갑자기 자신의 삶이 허무했다. 그래서 밖으로 나와 녹야원까지 걸었다. 야샤스는 "아아, 야샤스는 싫구나. 한심스럽구나"라고 중얼거리며 걸었다. 야샤스가 탄식하는 소리는 서늘한 공기를 가르며 새벽 산책을 하는 부처님에게까지 들렸다. 부처님이 다가와 야샤스에게 말했다.

"야샤스여, 여래가 머무는 녹야원에는 싫은 것도 없고 한심스러운 것도 없구나. 야샤스여, 여기 앉겠느냐. 여래는 너를 위해 진리를 설해주겠다."

야샤스는 부처님의 설법을 듣고는 곧 아라한이 되었다. 다섯 명의 수행자 이후 첫 번째로 깨달음을 이룬 셈이었다. 야샤스가 아라한이 된 후 그의 아버지와 어머니 그리고 그의 아내도 부처님의 설법을 들

인도역 풍경 · 12시간 미만을 달리는 특급열차 샤따브디와 붉은 상의 차림의 짐꾼들

은 후 재가신도가 되었다. 그의 가족 모두가 불교로 귀의하자, 그 파장은 컸다. 야샤스의 친구 네 사람과 50명의 젊은이가 집단으로 출가를 하였다.

부처님은 예순 명의 제자들을 위해서 또 설법을 했다.

"수행승들이여, 여래는 신과 인간들의 온갖 속박 속에서 자유로워졌다.

수행승들이여, 이제는 편력의 길로 떠나라. 많은 사람들과 신들의 이익을 위해, 안락을 위해, 세상에 자비를 베풀기 위해 길을 떠나라. 길을 떠날 때는 같은 길을 두 사람이 함께 가지 말라.

수행승들이여, 처음도 좋고 중간도 좋고 끝도 좋은 법, 내용과 이론이 갖추어진 진리를 설하라. 안전하고 깨끗한 수행 생활을 보여주어라. 세상에는 때가 덜 묻은 사람이 있다. 그들은 진리를 듣지 않으면 퇴보하지만, 진리를 들으면 진리를 깨달을 것이다."

부처님의 제자는 순식간에 60명이 되었고, 전법을 선언한 부처님은 빔비사라왕이 통치하는 마가다국으로 떠났다.

녹원전법상 부분도

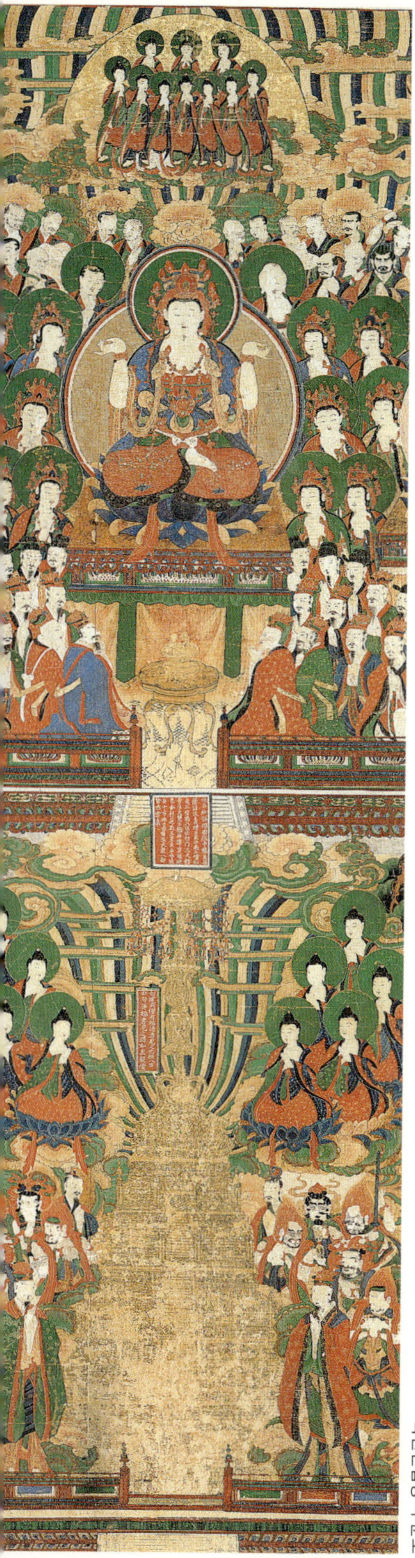

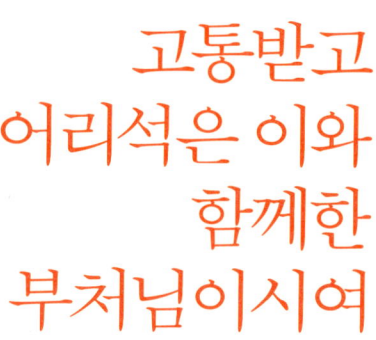

녹원전법상(鹿苑轉法相) 2

고통받고 어리석은 이와 함께한 부처님이시여

부처님, 전법을 선언하시다

왕사성 시녀의 순교를 찬미한 타고르

라즈기르.

부처님 당시에는 라자그리하라고 불렸고, 도시는 빔비사라왕이 머물던 마가다국의 수도였다. 부처님은 녹야원에서 수행자들과 재가자를 합쳐 60명과 우루벨라에서 카샤파 삼형제의 제자 1천명에게 귀의를 받은 뒤, 왜 라자그리하로 향했을까. 그 해답은 부처님이 우루벨라 고행촌으로 가기 전, 빔비사라왕을 만났을 때 그와 한 약속에 있지 않을까. 빔비사라왕이 라자그리하의 판다바산 동굴로 깨닫기 전의 부처님을 찾아와 마가다국에 머물 것을 요청하자 '부처님이 된 후 다시 찾아와 가르침을 주겠다'고 약속했던 것이다.

나는 지금 죽림정사에서 영축산으로 와 있다. 영축산도 관광지로 변해 리프트가 설치되어 산 정상으로 관광객들을 실어 나르기에 바쁘다. 일본인들이 영축산 정상의 일본 절까지 운행하는 리프트를 설치

라즈기르 가는 길에 만난 소녀

영축산 일출 · 영축산 독수리봉에 룽가 사이로 해가 뜨고 있다.

영축산 독수리봉 밑의 향실 · 부처님은 향실에서 《법화경》, 《관무량수경》 등을 설법했다.

하기 위해 자본을 투자했다고 한다.

다행히 부처님이 《법화경》 등 수많은 경전을 설한 독수리봉 밑의 향실(香室)을 가려면 리프트를 타서는 안 된다. 향실을 가려면 일본 절과 위치가 다르므로 걸어서 가야 한다. 빔비사라왕도 부처님에게 존경의 예를 갖추고자 가마나 수레를 타지 않고 산길 초입의 하승(下乘)에서 걸어 올라갔다고 한다. 하승을 우리식으로 표현하자면 하마비(下馬碑)쯤 된다. 현장의 《대당서역기》를 보면 다음과 같은 구절이 나온다.

길 도중에 두 개의 작은 탑이 있다. 하나는 하승이라 하는데, 왕이 여기까지 오면 그 다음은 걸어서 간다는 뜻이다. 또 하나는 퇴범(退凡)이라 하는데, 범부를 구별하여 거기서부터는 함께 오르지 못한다는 뜻이다.

부처님의 설법을 듣기 위해 땀을 뻘뻘 흘리며 이 산길을 올라갔을 빔비사라왕의 모습이 눈에 선하다. 순례자들은 내리쬐는 자욱한 안개 속에서 오르내리고 있다. 나도 그들 가운데 한 사람이다.

부처님과 빔비사라왕 사이에 얽힌 눈물겨운 이야기가 하나 전해지고 있다. 빔비사라왕이 아들에게 왕권을 빼앗기고 감옥에 갇혀 있을 때였다. 그는 감옥의 창문을 통하여 날마다 부처님을 향해서 예배했다고 한다. 부처님 역시 날마다 감옥의 창문이 있는 곳으로 가 비탄에 빠진 왕을 위로했다고 한다. 빔비사라왕에게는 부처님을 향한 예배가 자신의 목숨을 이어가는 유일한 힘이었던 것이다. 하루는 아들이 빔비사라왕에게 절망 속에서도 살아가는 이유를 묻자 아들에게 이렇게 대답했다고 한다.

"저 열린 창문으로 날마다 부처님을 뵙고 예배할 수 있기에 나는 아직 살아 있다."

아들 아자타샤트루는 분기탱천하여 창문을 벽돌로 막고 빔비사라왕의 발목을 잘라 결국은 죽게 하고 만다. 그리고 그는 누구라도 부처님을 예배하면 참형에 처했다.

인도의 시성 타고르는 아자타샤트루가 부처님을 박해하던 것을 소재로 한 편의 산문시를 남기고 있다.

빔비사라왕은 부처님의 절을 짓고 흰 대리석에 찬탄의 말씀을 새겼습니다.

저녁때가 되면 궁궐의 여인들과 딸들이 모두 와서 꽃과 빛나는 초롱불을 바칠 것입니다.

아들은 자신의 시대가 와 왕위에 올랐을 때 아버지의 믿음을 피로 씻어내고 성전에는 제물의 불을 밝혔습니다.

가을 해가 집니다.
저녁 예불 시간이 가까웠습니다.
왕비의 시녀 슈리마티는 부처님께 몸을 바치려는 듯 성스런 물에 목욕하고는 싱싱한 흰 꽃과 황금 쟁반을 초롱불로 꾸미고 검은 눈을 조용히 들어 왕비의 얼굴을 보았습니다.

왕비는 두려움에 떨었습니다. 왕비는 말했습니다.

"어리석은 계집아, 부처님의 절에 불공을 드리는 이는 누구에게나 죽음의 벌이 내리는 것을 너는 모르느냐."

"임금님(빔비사라왕)의 뜻입니다."

슈리마티는 왕비에게 절하고 문을 나와 태자비 아미타 앞에 섰습니다.

번쩍이는 황금거울을 무릎에 놓고 새 태자비는 검고 긴 머리카락을 갈라땋고 행운의 붉은 연지를 찍고 있었습니다.

태자비는 젊은 시녀를 보고 손을 떨며 소리쳤습니다.

"얼마나 무서운 파멸을 나에게 가져오려고 하느냐. 어서 다른 데로 가거라."

슈클라 공주는 창가에 앉아 지는 햇빛 속에서 이야기책을 읽고 있었습니다.

이 여인도 시녀가 성스런 제물을 가지고 있는 것을 보고 놀랐습니다.

공주는 무릎에서 책을 떨어뜨리며 슈리마티의 귀에다 속삭였습니다.

"죽음 속으로 뛰어들지 마라. 이 무모한 여인이여!"

슈리마티는 이 문 저 문으로 돌아다녔습니다.

시녀는 머리를 들고 이렇게 외쳤습니다.

"오, 궁궐에 있는 여인들이여, 서두르십시오! 부처님께 불공드릴 시간이 다가왔습니다!"

더러는 면전에서 문을 닫기도 하고, 더러는 시녀에게 욕도 하였습니다.

마지막 햇살이 궁궐 탑 청동의 궁륭(穹隆)으로부터 사라져갔습니다.

깊은 그늘이 거리 구석구석 스며 자리를 잡았습니다. 시끄럽던 거리는 조용해졌습니다. 시바 사원의 종소리는 저녁 예불을 알렸습니다.

투명한 못과도 같이, 깊은 가을 저녁의 어둠 속에서 별들이 빛나며 흔들릴 즈음에, 궁궐의 뜰을 지키는 이가 숲속에서 부처님의 절에서 타오르는 초롱불을 보고 놀랐습니다.

파수병들은 칼을 뽑아들고 달려가며 외쳤습니다.

"누구냐. 어리석은 자여, 죽음이 두렵지 않은가."

"나는 슈리마티입니다. 부처님의 하인입니다" 하고 아름다운 목소리가 대답했습니다.

다음 순간 시녀의 심장에서 나온 피가 차디찬 대리석을 빨갛게 물들였습니다.

별이 반짝이는 고요한 시간에 절 밑에 있는 마지막 초롱불도 꺼졌습니다.

타고르가 슈리마티의 죽음을 예찬하고 있는 산문시이다. 시는 사(死)의 찬미가 아니라 믿음의 찬미이다. 자신을 부처님의 하인이라고 낮추어 말하는 슈리마티의 지고지순한 믿음을 찬미하고 있는 것이다. 영원히 반짝일 부처님을 위해 초롱불 하나를 켜듯 자신의 삶을 바치는 슈리마티의 믿음이 맑고 조용한 가을 못과 같다.

선종 화두의 기원, 염화시중이 탄생한 현장

1천 3백 년 전 영축산 봉우리를 찾은 중국 승려 의정은 이러한 시를 남기고 있다.

영축산 봉우리 올라서서
옛 왕사성 내려다보니
만 년이나 흘러내린 못은 맑고
천 년 지난 그 뜰은 깨끗하건만
옛 일 새겨주는 빔비사라왕의 길
부서져 남은 왕사성의 지난날 영화
칠보의 선대(仙臺)는 사라지고
하늘 꽃비 내리던 빗소리 멈추었네

실제로 영축산 독수리봉으로 가는 빔비사라왕의 길을 오르다 뒤돌아보면 널따란 분지 같은 왕사성 터가 보이는데, 지금은 가난한 인도 여인들이 땔나무를 하러 드나드는 잡목 숲으로 변해 있다. 칠보의 선대란 아마도 부처님이 제자들에게 법문한 지금의 향실을 말하고 있는 듯하다.

경전에 '한때 부처님께서 기사굴 산중에 계실 때 비구 1,250명과 함께 하셨는데…' 하고 나오는 기사굴 산이 바로 영축산이다. 부처님은 영축산에서 수많은 경전을 설했다. 《법화경》, 《관무량수경》, 《보적경》,《대집경》,《허공장경》 등등을 남겼다.

부처님이 제자들 중에서 마하가섭에게 심법(心法)을 전한 장소도 바로 이 영축산이었다. 부처님이 설법하던 중 홀연히 연꽃을 들어보이자, 모인 대중 중에 아무도 부처님의 마음을 알지 못하고 이러쿵저러쿵 대답할 때 마하가섭이 조용히 미소를 지었다는 얘기가 '염화시중'이다. 그때 부처님은 마하가섭에게 다음과 같이 정법을 전했으니 '염화시중'은 선종의 최초 화두가 된다.

"여래에게 정법안장(正法眼藏) 열반묘심(涅槃妙心)이 있으니 이를 마하가섭에게 전하노라."

마하가섭은 부처님의 십대제자 중에서 두타(頭陀) 제일의 수행자였다. 부처님이 그의 건강을 염려할 만큼 그는 철저한 두타행의 수행자였다.

마하가섭도 부처님처럼 전생에 이미 보살의 공덕을 쌓은 사람이 아닌가 싶다. 금생은 다시 부처님으로 돌아오는 방편의 시공(時空)인 것이다. 왕사성 바라문 가문에서 태어난 그는 오직 청정한 독신 비구로 사는 것이 꿈이었으니 부모와 갈등할 수밖에 없었다.

아들의 전생을 알 리 없는 마하가섭의 부모는 대가 끊어질 것을 걱정한 나머지 마하가섭에게 결혼을 강요했다. 청년 마하가섭은 부모가 들어주지 못할 어려운 조건을 제시했다. 금세공인에게 아름다운 여인상을 만들게 하여 부모에게 보여주면서 그 같은 여인이 있으면 결혼하겠다고 했다. 부처님도 태자 시절에 숫도다나왕에게 이러한 제의를 하여 부왕을 난처하게 한 적이 있는데, 그 당시 인도 왕족과 부자들

간에는 이런 일이 실제로 있었던 것 같다.

그런데 마하가섭의 부모는 바이샬리 교외의 카필라카 마을로 가서 바라문 가문의 딸인 밧다 카필라니라는 처녀를 찾아내고 만다. 할 수 없이 마하가섭은 그녀의 집을 찾아가서 그녀에게 '세속적인 욕망에 붙잡혀 살고 싶지 않다'고 말한다. 그러자 밧다도 호응하여 고백한다.

"먼저 찾아와 말씀해주시니 정말 감사합니다. 저도 마하가섭님과 같은 생각입니다. 우리 부모님을 안심시키고자 결혼하려 할 뿐입니다."

부부가 된 두 사람은 12년 동안 육체관계를 갖지 않고 살았다. 양가의 부모가 돌아가실 때까지 기다리기로 했다. 그런데 어느 날 밧다는 기름을 짜려고 참깨를 말리고 있었다. 참깨 속에서 작은 벌레들이 고물거렸다. 기름을 짜면 벌레들이 죽을 것 같았으므로 밧다는 괴로웠다. 또한 마하가섭은 밭일을 하다가도 흙을 뒤엎는 소의 괴로움을 생각하니 마음이 아팠다. 그날 부부는 자신들의 괴로움을 이야기한 후 이제야말로 출가할 때가 되었다고 다짐했다. 부부는 즉시 머리를 자르고 큰 네거리로 나와 각각 오른쪽과 왼쪽으로 헤어졌다. 그런데 마하가섭은 얼마 지나지 않아서 귀의하였지만 아내 밧다는 외도(外道)에 빠졌다가 뒤늦게 귀의했다.

왕사성의 사리불과 목련도 부처님에게 귀의하다

빔비사라왕의 아들 아자타샤트루도 부처님을 만나 법문을 듣고는 부왕을 죽인 악행을 참회하고 부처님의 가르침을 따랐다. 그러자 왕사성은 다시 빔비사라왕 시절처럼 불심이 넘치는 거리로 바뀌었다.

부처님의 십대제자 중에서 지혜 제일이라 불리는 사리불(舍利弗)도 이때 부처님에게 귀의했다. 사리불은 라자그리하에서 조금 떨어진 나란다 마을에서 자랐고 부자 바라문의 맏아들이었다. 우파티샤가 원래 이름이었으나 출가한 후 어머니 이름인 사리를 따서 사리불이라 불리었다. 사리불은 팔형제 중에서 가장 총명했다. 사리불은 인도 성전인 베다를 모두 외웠고 예술적인 재능도 뛰어났다. 옆 마을인 코리가라 마을에도 사리불처럼 총명하고 단정한 아이가 있었다. 그의 이름은 코리타였다. 출가하여 그는 목련으로 이름이 바뀌었고 부처님의 십대제자 중에서 신통 제일의 제자가 되었다.

어느 날 사리불과 목련은 바라문이 집전하는 제사를 구경하려고 길을 나섰다. 길에는 수많은 사람들이 마차나 코끼리를 타고 제사 장소로 가고 있었다. 제사는 시끄럽고 정신없이 진행되었다. 악기 소리에 맞추어 모인 사람들 모두가 춤추고 노래를 불렀다. 사리불과 목련도 처음에는 그들을 따라 했다. 그러나 그때 사리불은 한순간 깊은 생각에 빠졌다.

'이 수많은 사람들이 백 년이 지난 후에도 살아서 이처럼 춤을 추고 노래를 부를 수 있을까.'

목련도 사리불과 같은 생각이었다. 사리불과 목련은 삶의 무상함을 느꼈다. 집으로 돌아가면서 서로 출가하여 덧없는 세상을 뛰어넘는 진리를 깨닫자고 맹세했다. 집으로 돌아온 사리불은 부모에게 출가하

인도의 대장장이 · 부처님께 음식을 공양한 춘다 집안도 대대로 대장장이였다.

나란다대학 터 · 사리불 스투파가 있는 세계 최대, 최고의 불교종합대학이었다.

나란다대학 터에서 본 새떼 · 신라에서 온 구법승들은 새들을 보고 고국 소식을 그리워했다.

사리불 스투파 · 아쇼카왕은 사리불 스투파를 참배 와서 사원을 지었다. 그 사원이 나란다대학의 시초가 되었다.

겠다고 말했다 그러나 부모는 사리불의 청을 거절했다.

"너는 바라문인 우리 가문의 대를 잇고 조상님께 제사를 지내야 할 책임이 있는 큰자식이다. 더구나 너는 팔형제 중에서 부모가 가장 믿고 의지해오던 아들이 아니냐."

부모의 반대에도 불구하고 사리불은 7일 동안 단식한 끝에 출가의 허락을 받아 라자그리하에서 많은 제자를 거느리고 있는 회의론자 산자하의 제자가 되었다. 이후 사리불은 7일 만에 산자하의 경지에 도달하여 함께 출가했던 목련과 또다시 다른 스승을 찾아 나선다. 이윽고 사리불과 목련은 라자그리하 거리에서 탁발하는 한 수행자를 만난다. 그가 바로 녹야원에서 부처님에게 처음으로 설법을 들었던 다섯 명의 수행자 중 한 사람인 앗사지 비구였다. 사리불이 앗사지에게 말을 걸었다.

"수행자여, 그대의 스승은 어떤 분이십니까?"

앗사지는 걸음을 멈추고 사리불에게 대답했다.

"나의 스승은 부처님입니다."

"부처님의 가르침은 무엇입니까?"

"부처님의 제자가 된 지 얼마 되지 않아 부처님의 가르침을 자세히 말씀드릴 수는 없습니다. 그러나 제가 감명받았던 가르침은 이렇습니다."

앗사지는 사리불과 목련에게 부처님의 가르침 중에서 연기(緣起)를 얘기했다. 그러자 사리불은 진리를 볼 수 있는 법안(法眼)이 생겼고, 그는 부처님의 제자가 될 것을 결심했다. 두 사람은 산자하 문하에 있

인도 여학생들·나란다대학 터를 답사 나온 여학생들의 얼굴에서 인도의 미래를 본다.

던 2백 5십 명의 수행자를 데리고 죽림정사에 머물던 부처님에게 귀의했다.

　부처님은 사리불이나 목련처럼 똑똑한 수행자들만 제자로 받아들인 것은 아니었다. 누구든 차별하지 않았고, 근기에 맞는 설법을 하여 그들을 깨달음에 이르도록 했다. 제자들 중에는 머리가 나쁜 출라판타카도 있었다. 한역으로는 주리반특(周利槃特)이라 하는데, 그는 아둔한 머리로 태어나 부처님의 말씀을 한 문장도 외우지 못했다. 반면에 그의 형 마하판타카는 매우 영리했다. 출라판타카는 형을 따라 출가했으나 늘 형에게 구박만 받았다.

　'진홍빛 연꽃이 새벽에 피어나 향기를 내는 것 같이, 창공에 빛나는 태양과 같이, 만물을 널리 비추어 밝히는 부처님을 보라.'

　이와 같은 부처님의 말씀도 네 달이 지나도록 외우지 못했다. 형은 동생을 부처님의 제자로 만들고 싶었으나 더 이상 참을 수 없었다. 그래서 형은 동생을 절 밖으로 쫓아버렸다. 마침 부처님이 그곳을 지나다가 출라판타카를 발견하고 물었다.

　"출라판타카여, 너는 지금 어디로 가고 있느냐."

　출라판타카는 형이 자신을 내쫓았다고 사실대로 말했다. 그러자 부처님이 다시 말했다.

　"출라판타카여, 너는 내게 귀의하지 않았느냐. 형에게 쫓겨났더라도 내게 와야 한다. 그러니 나와 함께 가자구나."

　출라판타카는 부처님을 따라가 새로운 가르침을 받았다.

　"너는 정사 앞에서 내가 준 베를 만지며 '먼지와 때를 털어버리자'

는 말만 하면 된다."

출라판타카는 몇 달 동안 끈기 있게 부처님이 시킨 대로 했다. 그동안 깨끗한 베는 까맣게 변했다. 어느 순간 출라판타카는 더러워진 베를 보고는 깨달음을 얻었다.

"깨끗한 베도 더러워지는구나. 이 세상에 변하지 않은 것은 없구나〔諸行無常〕."

부처님은 출라판타카의 마음속 변화를 살피고는 말했다.

"이 베만 먼지와 때에 더러워진 것이라고 생각해서는 안 된다. 사람의 마음도 마찬가지다 그러니 마음속에 번뇌를 없애는 것이 중요하다."

마침내 출라판타카도 아라한이 되었고 신통력을 얻었다. 이처럼 부처님은 차별 없이 죽림정사가 있는 왕사성과 사위성의 기원정사를 오가며 고통으로 신음하는 어리석은 중생들에게 진리를 설하여 그들 스스로 깨달음에 이르도록 했다.

라즈기르 밤거리 · 마가다국 수도였던 왕사성이 인구 10여 만 명의 소도시로 변모해 있다.

쉬라바스티 들녘 · 코살라국의 수도였던 사위성 기원정사 앞 들녘에 사탕수수가 자라고 있다.

녹원전법상(鹿苑轉法相) 3

눈을 떠라,
빛이
보이리라

부처님, 도리천에 올라 마야부인에게 설법하시다

기원정사 가는 길에 만난 모녀 · 기원정사와 상카시아에는 부처님의 사모곡이 흐른다.

그리움이란 질량은 자비심의 에너지다

　인간의 역사가 시작된 이후 부처님만큼 그리움이 컸던 분이 또 있을까. 《열반경》은 '자비심이 여래다'라고 하지만 나는 '그리움이 여래다'라는 생각이 든다. 깨달은 이에게 자비심과 그리움이란 결국 같은 말이 아닐까. 그리움이란 질량은 자비심의 에너지로 환원되기 때문이다.

　부처님이 도솔천에서 힘겨운 짐을 지고 사는 지구별의 중생들을 그리워했다는 것은 적어도 불자라면 다 아는 사실이다. 또한 부처님은 방편으로 지구별에서 태어나 어디를 가든 어머니 마야부인을 잊지 못했다. 룸비니 동산의 무우수 가지 아래서 자신을 낳은 지 7일 만에 돌아가신 어머니를 결코 잊어본 적이 없었다.

　'7일 만에 돌아가신 어머니를 어디에서 다시 만날 수 있을 것인가.'
　부처님은 출가 전 호사스런 태자 시절에도, 깨달음을 이루고 난 후

가섭과 아난, 사리불과 목련, 라훌라 등의 제자들과 함께 정사에 머물 때나 만행하는 동안 어디를 가도 어머니 마야부인을 그리워했다. 탁발을 나가 왕족에게 진귀한 공양을 받거나, 좋은 천으로 만든 가사가 생기거나, 새 발우가 들어오면 먼저 어머니 마야부인을 생각한 뒤, 승가의 대중들에게 그 공양물들을 주었다.

자신을 낳아준 어머니를 그리워하지 않는 이가 어찌 자신을 믿고 따르는 교단을, 세상의 모든 중생을, 광대무변한 저 우주의 별들을 사랑할 수 있으랴. 분명, 부처님은 일체중생을 깨달음으로 인도하겠다고 원력을 세운 그리움의 화신이었던 것이다.

선정에 든 부처님은 홀연히 어머니 마야부인이 어디에 계신지 관(觀)하여 알아냈다. 마야부인은 수미산 위 도리천(忉利天)에 머물고 있었다. 아직도 마야부인은 깨달음을 얻지 못한 채 도리천에서 외롭게 천인들과 함께 살고 있었다.

부처님은 안타까워했다. 어머니가 깨달음을 얻지 못한 것은 일찍 돌아가신 탓이었다. 미처 부처님이 깨달은 불법을 듣지 못했던 것이다. 출가 전 아들이었던 라훌라, 양모이자 이모였던 마하파자파티, 사촌동생 아난과 아니룻다, 심지어 궁중 이발사였던 우팔리까지도 이미 부처님에게 귀의하여 아라한이 되어 있었다. 그러니 부처님의 안타까움은 더할 수밖에 없었다. 도리천으로 올라가 어머니를 위해 설법해야 한다는 생각뿐이었다.

사위성 성문 밖 동산에 기원정사가 지어지자, 부처님의 어머니에 대한 그리움과 간절함은 더했다. 부처님이 머무는 승원은 기원정사

경전을 읽는 인도 수행승 · 나는 부처님 제자입니다.

안에서도 황금과 붉은 벽돌로 가장 장엄하고 아름답게 지어졌다. 코살라국 수도 사위성(사밧티)에서 가장 거룩한 공간이 바로 부처님이 머무는 승원이었던 것이다.

환상을 이용하여 실상을 보라, 여래를 보라

부처님이 열반한 지 2천 5백여 년이 지난 지금, 나는 기원정사 남문 터 앞에서 잠시 상념에 잠긴다. 내가 누구인지 나를 돌아본다. 기원정사 안은 몇 걸음 앞도 들여다볼 수 없다. 밤이 토해낸 안개가 기원정사를 뒤덮고 있다. 눈앞에 무엇이 있는지 분간이 잘 안 된다. 짙은 안개는 완고하고 수구적이다.

나는 타협하지 않는 안개 때문에 위로받는다. 안개는 우울을 잠들게 하는 수면제와도 같다. 벽돌 무더기만 남아 있는 황량한 기원정사 터를 보여주지 않고 있다. 폐허를 보면 누구라도 허허롭고 혹은 눈물이 난다. 지나간 시간이 야속하다. 그러나 부처님은 '이 세상에 변하지 않는 것은 없다(諸行無常)'고 말했다. 변화하는 사실을 받아들여야만 집착을 버릴 수 있다는 것이다. 화려함이나 초라함, 아름다움이나 추함, 거룩함이나 미천함, 만남이나 이별, 사랑하는 이의 죽음조차도 무상(無常)의 굴레 속에 있으니 눈앞에 '있는 그대로'를 받아들이라고 말씀하신다. 그런데 우리는 변하고 사라지는 것들과 작별하면서 아쉬워한다. 더러는 마음의 상처를 받는다. 지금 사라지고 없는 것들에게 집착하여 공허해한다.

잠시 후, 나는 떠오를 해가 저 안개를 거둬갈 것을 알기에 기원정사 남문 터를 발자국 소리를 내지 않는 그림자처럼 들어선다. 《금강경》을 두런두런 마음속으로 독송한다. 부처님은 기원정사를 지어 보시한 수닷타의 조카인 수보리(수부티)가 법을 청하자 《금강경》을 설했다. 수보리는 수닷타가 기원정사를 지어 부처님을 머물게 했으므로 자부심이 남달랐을 것이다. 마음을 절절하게 적시곤 하던 《금강경》의 구절들이 기원정사에서는 해일처럼 가슴을 크게 친다. 《금강경》을 설한 장소가 기원정사이기 때문이다. 나도 환상이고, 너도 환상이고, 모든 현상도 환상이니 그것에 집착하지 말 것이며 그것의 본질인 공(空)을 깨닫지 않고서는 여래도 아니고 보살도 아니라는 구절들이다.

보살이 아상(我相), 인상(人相), 중생상(衆生相)과 수자상(壽者相)이 있으면 이는 보살이 아니니라.

보살은 마땅히 법에 머문 바 없이 보시를 행할지니, 이른바 형상에 머물지 않은 보시이며, 성(聲), 향(香), 미(味), 촉(觸), 법(法)에 머물지 않은 보시여야 하느니라.

무릇 있는바 상(相 : 현상)은 다 허망하니 만약 모든 상을 상 아님(환상)으로 보면 곧 여래를 보리라.

기원정사 터 · 부처님 당시와 같이 햇빛이 양명하다.

기원정사 향전 · 부처님이 아난의 시봉을 받으며 오랫동안 머무셨던 곳이다.

일체의 유위법(有爲法 : 현상계)은 꿈과 같고, 환상 같고, 물거품 같고, 그림자 같으며, 이슬과 같고, 또한 번개 같으니, 마땅히 이와 같이 보아야 한다.

기원정사는 어떤 사연으로 지어졌던 것일까. 부처님이 35세에 깨달음을 이룬 지 3년째였다. 마가다국의 빔비사라왕이 부처님에게 절을 지어 보시한 것이 죽림정사인데, 그보다 먼저 임시 거처 60채를 지어 보시한 재가불자가 있었다. 그 사람이 바로 왕사성의 비살라 장자였다. 비살라 장자의 부인은 수닷타(어른이 되어 거부가 된 후 가난한 이들에게 밥을 주었으므로 아나타핀다카 장자로 불림) 장자의 누이였고, 또한 수닷타 장자의 부인은 비살라 장자의 누이였다. 그러니 서로가 처남이기도 한 겹사돈이었다.

비살라와 수닷타는 처남 매부 관계를 떠나 친구처럼 각별하게 지내는 사이였는데, 하루는 수닷타가 비살라 집을 찾아갔지만 비살라는 인사조차 하지 않고 하인들에게 음식 만드는 일을 시키고 있었다. 수닷타가 다가가 "친구여, 무슨 일인가" 하고 묻자 그는 "내일 부처님과 스님들을 공양에 초대했다네" 하고 말했다.

수닷타는 '부처님'이란 말에 이끌렸다. 잠을 이루지 못하고 세 번이나 깬 끝에 이른 새벽에 부처님을 뵈러 비살라가 얘기해준 장소로 갔다. 죽림정사 가까이 갔을 때 부처님께서 먼동이 터오는 하늘을 보면서 산책하고 있었다. 수닷타는 부처님에게 다가가 두 발에 자신의 머리를 대고 예배드렸다. 그리고 나서 잠시 부처님의 설법을 들었다. 이후 부처님은 제자들과 함께 비살라 저택으로 와 어제부터 하인들이 마련한 음식을 공양받았다.

수닷타는 공양이 끝나고 나서 부처님에게 사위성에 와 안거하시도록 청했다. 그러자 부처님은 "장자여, 여래는 사람 소리가 들리지 않는 조용한 곳에서 머물기를 좋아한다"고 안거할 장소를 가르쳐줌으로써 수닷타의 청을 받아들였다. 수닷타는 코살라국으로 돌아와 사위성과 멀지도 가깝지도 않은 조용한 곳을 물색했다. 마침 사위성 서남쪽에 우물과 연못이 딸린 동산이 하나 있었다. 수닷타는 곧 땅 주인인 제다 태자를 찾아가 부처님에게 보시하겠으니 팔라고 사정했다. 그러나 교만한 제다 태자는 외도를 믿고 있었기 때문에 "동산에 금화를 빈틈없이 깔아주어도 팔지 않겠다"며 거절했다.

그런데 수닷타의 입을 막으려고 한 제다 태자의 말은 수닷타에게 허락하는 것이나 다름없었다. 당시 코살라국의 국법으로는 주인이 어떤 물건에 값을 정하기만 하면 사고파는 거래가 이루어지기 때문이었다. 수닷타는 바로 법정에 호소하였고, 재판장은 제다 태자가 동산의 값을 얘기한 사실을 확인했다.

수닷타 장자는 즉시 자신의 창고에서 꺼낸 금화를 수레에 싣고 가 깔기 시작했다. 반신반의하던 제다 태자는 동산이 금화로 거의 덮일 무렵 "장자여, 그만하십시오. 저도 선업을 지을 수 있도록 동산을 조금 주십시오" 하고 만류했다. 수닷타가 허락하자 제다 태자는 금화가 깔리지 않은 그곳에 큰 대문을 세웠다. 결국 기원정사 안에는 가장 큰 건물이자 수닷타 장자가 지은 간다쿠티, 그리고 코살라국 프라세나짓

대왕이 지은 살라라가라, 카래리쿠티, 코삼바쿠티 등이 크게 지어졌고, 부처님은 기원정사에서만 45년의 중생제도 여정 중에서 가장 긴 19안거를 보내게 됐던 것이다.

안개 속에서 어느새 쉬바라스티(과거에는 사밧티) 아이들이 나타나 길 안내를 하고 있다. 세수할 겨를도 없었는지 머리칼은 헝클어져 있고 손등은 까마귀 날개처럼 검다. 그래도 어느 나라를 가든 아이들은 순수하고 귀엽다. 아이들이 "아난다 보리수, 아난다 보리수!" 하고 안개 속에서 기지개를 켜고 있는 나무 한 그루를 가리킨다.

저 보리수 아래서 부처님께서도 밤이 깊도록 보내신 일이 있다. 아난의 정성에 감동하여 그랬던 것이다. 부처님은 비가 간단없이 내리는 우기(雨期)가 지나면 제자들과 함께 기원정사를 떠나 멀리 만행하곤 했다. 수닷타 장자를 비롯하여 사위성 재가불자들은 꽃과 공양물을 들고 기원정사를 찾아오지만, 부처님과 그 제자들이 없는 기원정사는 공양 올린 꽃들이 시들어 뒹군 채 썰물이 빠져나간 바다처럼 텅 비어 있을 뿐이었다. 그래서 수닷타는 아난에게 "부처님이 계시지 않는 동안 부처님처럼 참배할 대상이 무엇입니까" 하고 물었다. 이에 아난이 여쭈었던바 부처님은 세 가지를 제시했다.

"아난이여, 사리탑(Dhatu ceti), 여래가 사용하던 물건(Paribhoga ceti : 부처님의 발우·가사·정각을 이룬 장소의 보리수 등등), 등상불(等像佛, Uddisa ceti)이 있다. 그러나 사리탑은 여래가 열반에 든 후에 생길 것이고, 등상불은 지금 만들어진 것이 없다. 그러니 여래가 없는 동안 굳이 참배할 대상이 필요하다면 보리수가 합당할 것이다."

아난다 보리수 · 목련이 보드가야에서 씨를 가져와 아난이 심은 보리수로 인도인들은 부처님인 듯 참배한다.

이리하여 보리수 씨앗을 심는 행사는 아난의 주관으로 성대하게 치러졌다. 목련 존자가 보드가야로 가서 부처님이 정각을 이룬 자리에 있는 보리수의 씨앗이 땅에 떨어지기 전에 가사로 받아왔으며, 수닷타 장자는 많은 일꾼을 동원하여 땅을 팠다. 그리고 프라세나짓왕도 왕족들과 함께 기원정사를 찾아와 의식에 참여했다. 황금 항아리에 흙을 넣고 향을 뿌린 뒤 수닷타 장자가 보리수 씨앗을 묻었다. 싹이 트고 보리수가 자라자 부처님도 우물물을 부어주고는 하루 저녁 내내 선정에 들었던 것이다.

지금 저 보리수는 부처님이 계실 때 심은 보리수와 비교한다면 손자의 몇십 대 손자인 현손(玄孫)이겠지만 부처님이 보리수도 예배의 대상이라고 했으니 거룩하지 않는가. 보리수 아래 서보니 나무 가지 하나가 내 어깨를 어루만지는 것도 같다. 부처님의 따듯한 손이 허공에서 내려와 내 어깨를 다독거려주는 것도 같다.

'눈을 떠라, 빛이 보이리라.'

기원정사 부근의 아이들이 부처님이 주무시고 좌선했던 간다쿠티 앞에 모여 모두 합장을 한다. 간다쿠티를 우리말로 번역하면 향전(香殿), 혹은 응향각(應香閣)이 될 것이다. 사위성 사람들이 부처님을 찾아와 꽃을 바쳤던 건물이기 때문이다.

이 지역의 비구 스님들이 황색 가사를 걸치고 안개 속에서 삼삼오오 오고 있다. 촛불을 켜고 함께 기도를 올리자고 한다. 부처님이 마시던 우물 옆에는 비구니 스님이 펌프질을 하고 있다. 《금강경》에 나오는 1천 2백 5십 명의 비구 스님들도 저 우물물로 목을 축였으리라.

쉬라바스티 모녀 · 신은 어디서나 있을 수 없기에 어머니를 만들었다.

아직도 마르지 않고 우물물이 샘솟는 것을 보니 세월이 흐를수록 빛을 더 발하는 불법의 감로수가 틀림없다.

나는 문득 간다쿠티 앞에서 문득 부처님과 마야부인을 떠올린다. 그러자 어디서가 보았던 유태인의 격언 중 하나가 생각난다.

'신은 어디서나 있을 수 없기에 어머니를 만들었다.'

신의 손이 미치지 못하는 곳에 어머니가 있다는 말이다. 깨달음을 이룬 부처님도 마찬가지이리라. 그러니까 이 세상의 어머니는 부처이기도 하고 신이기도 한 것이다. 나는 마야부인이 간다쿠티를 보았으면 얼마나 좋아했을까 하고 상념에 잠겨본다.

외도가 번성한 코살라국이었지만 이제는 어느 정도 부처님을 인정하고 존경하게 된 시점이었다. 그렇게 된 데는 분기점이 있었다. 제자들이 부처님에게 "외도들에게 현혹되고 있는 사위성 사람들을 교화시키기 위해 신통력을 보여 주십시오" 하고 간청했으므로 부처님은 이른바 '천불화현(千佛化現)'의 이적을 보여주었던 것이다. 부처님이 군중 앞에서 망고를 잡수시고 그 씨를 땅에 심어 순식간에 싹을 틔워 거목으로 자라게 한 후, 다시 1천 분의 부처님으로 나타나시게 하였던 것.

이후 많은 외도들과 자이나교도였던 프라세나짓왕도 부처님에게 귀의하여 일시에 코살라국의 사위성은 불국토로 변모하게 되었는데, 왕은 부처님이 도리천에 오른 뒤, 그를 사모하여 간다쿠티 안에 전단향나무로 등상불을 조성했다. 천불화현의 신통력을 보인 부처님은 어머니 마야부인을 위해 제자들이 안거하는 우기를 피해서 도리천에 올

천불화현탑 · 부처님이 사위성의 이교도들에게 이적을 보여주어 귀의케 한 자리다.

상카시아 석가족 사원의 불단·부처님이 도리천에서 마야부인에게 설법을 하신 뒤 내려오고 있다.

랐던 것이다. 문득 어머니를 그리워하는 마음의 그림자가 하나 눈앞을 스친다. 나는 그것이 거룩한 법신(法身)에 가리어 보이지 않던 부처님의 천진한 마음이라고 단정한다!

상카시아에는 부처님의 후예들이 살고 있다

부처님은 도리천에 올라 어머니 마야부인과 천인들에게 자신이 깨달은 진리를 3개월 동안 설법했다. 사성제와 연기와 중도, 팔정도가 그것이었다. 그리고 나서야 부처님은 자식과 어머니라는 인연의 울타리를 홀가분하게 벗어날 수 있었다.

부처님은 아니룻다의 간절한 청을 받아들였다. 땅에서 올라간 물이 빗방울이 되어 다시 땅으로 내려오듯 부처님도 예전과 같이 제자들을 다시 만나야 했다. 부처님은 어느 곳으로 내려가야 할지 선정에 들어 관했다.

그때 눈에 띈 곳이 바로 사리불이 5백 명의 수행승과 함께 있는 상카시아였다. 훗날 석가족의 일부는 코살라국의 침략으로 멸망한 뒤 카필라성을 버리고 대이동하여 상카시아에 정착하고 있었다. 망국의 난민들이었으므로 그들의 삶은 가난하고 비참했다. 부처님은 그들에게 삶의 희망이 되어야 했다. 그것이 그들에게 베풀 수 있는 자비였다. 그러고 보면 희망은 절망을 견디고 이기게 하는 백신이다.

그런데 부처님은 신통력을 가졌으면서도 왜 자신의 종족인 석가족의 카필라성이 멸망한 것을 가슴 아프게 지켜만 보았던 것일까. 실제로 제자들이 카필라성을 철책으로 에워싸는 신통을 보여달라고 하지 않았던가. 그래도 부처님은 신통보다는 지혜와 이성을 사랑했으므로 거절한다. 부처님은 교만한 석가족의 업이 두텁다는 것을 알고 있었기 때문에 두 번째까지는 코살라국의 군대를 막았지만 세 번째는 지켜보기만 했다. 그리하여 석가족 중에서 남은 생존자들은 카필라성을 떠나게 된다. 한 무리는 설산 쪽으로, 또 한 무리는 상카시아 쪽으로 대이동을 했던 것이다.

부처님은 기원정사에서 바로 도리천으로 올라가신 뒤, 이곳 상카시아로 내려왔지만 나 같은 중생은 덜컹거리는 버스를 타고 머나먼 길을 지나쳐 올 수밖에 없다. 그런데 반겨주는 것은 코끼리가 조각된 아쇼카 석주뿐이다. 머리 부분만 남은 석주를 보니 이교도의 파괴가 얼마나 참혹했는지 짐작이 간다. 조금 떨어진 곳에 3도(道) 보계(寶階)를 아쇼카 대왕 이후에 재현한 언덕이 있는데, 지금은 허물어지고 꼭대기에는 작은 힌두 사원이 하나 남아 있다. 언덕에 오르자 힌두 사원의 늙은 사두가 몽당 빗자루로 재빨리 흙바닥을 쓴다. 예전 가난했던 시절에 반가운 손님이 오면 얼른 방을 쓸고 훔치던 기억이 나 왠지 가슴이 찡하다.

3도 보계란 보석으로 장식한 세 개의 계단을 말하는데, 가운데 계단으로 내려오시는 부처님을 왼쪽 계단에서는 제석천(인드라)이 칠보의 일산을 받쳐 들고, 또 오른쪽 계단에서는 범천(브라흐만)이 흰 불자(拂子)를 들고 호위했다고 한다.

상카시아 석가족 소년 · 가난하지만 해맑은 얼굴에는 궁기가 없다.

석가족 집성촌인 자스라즈푸르 마을의 이장, 조게스워르 씽 씨

유적지에서 1킬로미터쯤 떨어진 거리에 석가사가 있다고 하기에 그곳까지 버스로 다시 이동해 들어간다. 실제로 너른 유채 벌판 가운데에 법당이 한 채 있고, 석가족 출신이라는 담마팔 주지 스님이 순례자 일행을 웃으며 맞이한다. 선한 눈빛이 수행자답게 자애롭다. 통통한 체격도 넉넉하고 너그러운 인상을 준다. 법당에 들어가 참배하고 있는 동안 부근의 석가족 마을인 자스라즈푸르 주민들 20여 명이 찾아와 환영해준다. 노인과 장년 그리고 천진한 아이들도 섞여 있다.

특히 20세의 아마추어 소녀 가수 비나가 부처님을 찬탄하는 찬불가 CD를 나에게 선물한다. 사례하려고 하자 수줍게 웃으며 받지 않는다. 마을 사람들은 석가족의 후예라는 자긍심이 대단하다. 모두가 왕족인 크샤트리아 계급이라고 말한다. 가난하지만 궁기를 풍기지 않는다.

답례로 우리 순례자들도 마을 이장인 조게스워르 씽 씨의 안내를 받으며 자스라즈푸르를 방문한다. 자스라즈푸르에는 1천여 명의 석가족이 살고 있다고 한다. 지명에 붙은 푸르(Pur)는 작은 마을이라는 뜻인데, 마을 아낙네들이 몰려나와 골목과 마을 회관 마당을 쓸며 순례자들을 반긴다. 이산가족의 만남 같은 느낌이 들어 오래도록 잊히지 않을 것 같다. 50대의 이장 집도 들어가본다. 거실에는 부처님의 초상화와 불화가 걸려 있다. 마당에는 소똥이 엷게 발라져 있다. 소똥은 모기와 같은 벌레의 침입을 막아준다고 설명한다.

상카시아 인접에는 석가족의 후예들이 10만 명 정도 아직도 '샤카(Shakya)'라는 성을 가지고 살고 있으며, 매년 10월 25일과 26일에는 상카시아 불교 사원 · 석가족 마을 사람들이 건립한 사원으로 찬불가를 만들어 부르고 있었다.

석가족 수행승 · 불학을 깊이 연구하여 박사학위를 받은 스님이었다.

석가족 사람들 · '샤카' 성을 가진 석가족으로서 왕족(크샤트리아) 후예라는 자부심이 대단했다.

불교 축제를 즐기며 격월로 불교 잡지도 발간하고 있다고 한다. 상카시아 출신의 석가족 중에는 주지사, 국회의원, 장관도 있다고 하니 다음에 또 순례할 기회가 생긴다면 그들과 만나 얘기하고 싶다.

쌍림열반상(雙林涅槃相)

자신을 등불 삼고, 법을 등불 삼아 의지하라

부처님, 열반에 드시다

부처님 열반 같은 일몰 · 새떼가 날빛이 스러져가는 하늘을 어지럽게 날고 있다.

쿠시나가라의 석양이 나를 명상케 하다

　쿠시나가라에 해가 뉘엿뉘엿 지고 있다. 부처님이 인간세상에 태어나 인생을 어떻게 살 것인지를 보여주고 눈을 감으셨던 땅이 바로 쿠시나가라이다. 열반당이 석양빛을 받아 신비롭기까지 하다.
　망고처럼 생긴 석양을 보고 눈물을 흘려보기는 난생 처음이다. 하늘을 벌겋게 물들이는 석양이 아버지의 인생인 듯 감사하고 아름다워 보였다. 아버지를 다시 뵙는 기분이 들어서였다. 지난해 마지막 날 나는 아버지를 선산에 안장시켜드린 후, 49재 중 초재와 2재까지만 참석하고는 가방 하나만 들고 인도로 훌쩍 떠났던 것이다.
　천도재는 망자를 극락왕생케 하는 의식이다. 그러나 나는 아버지가 돌아가시는 순간 극락으로 가셨다는 믿음이 홀연히 들었다. 그래서 굳이 7재까지 지낼 필요는 없다고 생각했다. 증명하라면 할 말이 없을 것이다. 그래도 나는 두 가지의 사실을 믿지 않을 수 없다. 하나는

순례 길에 만난 소년 · "아난이여, 목이 타는구나. 물을 좀 떠오너라." 물을 보니 열반 직전의 부처님 음성이 들리는 듯하다.

부처님 열반 자리 · 부처님은 열반 직전 두 그루 사라나무 사이에서 머리를 북쪽으로 하고 누웠다.

아버지께서 당신 자신보다는 남을 위해 산 날이 많았다는 것이고, 또 하나는 죽음을 맞이하는 당신 얼굴이 명경지수(明鏡止水)처럼 아주 평화로우셨다는 것이다.

애연가이셨던 아버지는 폐암 말기 판정을 받고 병원에서 내 산방(山房)으로 거처를 옮기어 두 달을 나와 함께 사셨는데, 가끔 몸을 뒤척거리며 고통을 호소했을 뿐 돌아가시는 순간 온전한 입적을 보여주시었고, 철저한 채식주의자답게 맑고 선한 모습을 내게 보여주셨던 것이다. 무릇 살아 있는 모든 존재는 숨을 거두는 순간 그의 온 생애가 다 드러나는 것은 아닐까 싶었다.

5년 전 쿠시나가라에 들러 적어두었던 예전의 노트를 꺼내본다. 부처님이 열반에 드신 땅이어선지 메모한 글들이 다분히 감상적이다. 일인칭인 나를 왜 삼인칭인 나그네라고 부르며 순례했는지 새삼 궁금해진다. 무아(無我)의 나를 만나기 위해 나그네라고 불렀던 것일까.

나그네는 붓다가 열반한 땅 쿠시나가라에서 신새벽을 맞는다. 늦은 밤에 도착하여 자는 둥 마는 둥 뒤척거리다 까마귀 소리를 듣고 밖으로 나왔다. 인도 땅에서 까마귀는 흉조가 아니다. 인도 사람들에게는 까마귀도 사람과 더불어 살아가는 신의 친구이다. 사람만 신의 친구가 아닌 것이다. 집 안으로 들어온 쥐와 뱀도 신의 친구이기에 죽이거나 잡지 않는다.

부처님의 열반상을 봉안한 열반당이 짙은 안개에 가려 있다. 일교차가 심하기 때문에 대지는 늘 안개를 토해낸다. 열반당은 석회암에 새겨진 고대인의 암각화처럼 흐릿하다. 그래도 나그네는 2천 5백여 년 전의 부처님을 만나러 안개 속으로 천천히 잠입해 들어가본다. 문득 슬픔 같은 것이 작은 물방울처럼 투명하게 다가온다.

8세기 초 신라승 혜초는 중국의 돈황 석굴에 남긴 저서 《왕오천축국전》에 동인도(현 캘커타)로 들어와 한 달을 걸어 부처님이 열반한 구시나국(拘尸那國)에 도착하였다고 기록하고 있다.
혜초보다 먼저 5세기 초에 다녀간 중국 승려 법현도 《불국기》구이나갈성(拘夷那竭城) 편에 이곳의 정황을 본 대로 느낀 대로 자세히 전하고 있다. 이른바 《왕오천축국전》, 《불국기》, 《대당서역기》 등 3대 천축국 순례기에 쿠시나가라의 풍경이 세월의 시차를 두고 전해지고 있다.
세 사람의 구법승이 남긴 기록을 종합하여보면, 아쇼카 대왕 때 열반의 성지로 번성하였던 쿠시나가라는 기원후부터 황폐할 대로 황폐해져 사람이 거의 살지 않는 오지가 되어버렸음이 분명하다. 숲이 우거져 길은 사라졌고, 성곽이 무너져 성에는 벽돌 조각만 나뒹굴었다. 한두 사람의 승려가 초라한 붓다의 열반 성지를 지키고 있을 뿐이었다. 혜초는 자신이 본 쿠시나가라를 이렇게 전해주고 있다.
'구시나국에 도착하다. 석가모니 부처님께서 열반에 드신 곳이다. 성은 황폐해져 사람이 살고 있지 않다. 부처님께서 열반에 드신 이곳에 탑이 있는데, 한 스님이 그곳을 깨끗이 청소하고 있다. 매년 8월 8일이 되면 비구와 비구니, 그리고 도인과 속인들이 모여들어 큰 불공을 드린다. 그때 공중에 깃발이 휘날리게 되는데, 그 수를 헤아릴 수가 없다. 그 광경을 보고 모여든 사람들이 불교를 믿으려고 신심을 낸다.'

여래는 세 달 후에 열반에 들 것이다

　마가국의 수도 라자그리하를 떠난 부처님은 인생의 마지막 길에 오른다. 그리하여 부처님은 라자그리하에서 북쪽으로 30리 떨어진 나란다에서 머무신다. 3개월 동안 나란다 망고 동산에 머무셨던 것이다.
　나란다는 부처님의 십대제자 중에서 지혜가 가장 뛰어난 사리불의 고향이기도 했다. 부처님이 나란다에 머문 까닭은 사리불이 자신의 고향 사람에게도 가르침을 달라고 간청했기 때문이 아닐까. 사리불은 부처님이 나란다를 떠난 이후 부처님보다 먼저 입멸(入滅)에 든다. 그때로 되돌아가보면 이렇다.
　사리불은 쿠시나가라를 향해 가는 부처님을 수행하고 있었다. 그러다가 목련이 외도의 무리에게 박해를 받아 누워 있다는 소식을 듣고는 부처님 곁을 잠시 떠난다. 목련에게 간 사리불이 말했다.
　"벗이여, 그대는 우리들 중에 신통 제일로 불리면서도 왜 외도의 무리들에게 몽둥이를 맞아 뼈가 부러지고 살점이 떨어져나갔는가."
　"전생의 업을 받은 것일 뿐이네."
　"그래서 그 자리를 피하지 않았다는 말인가."
　"전생에 나는 부모님을 괴롭힌 적이 있다네. 그래서 지금 과보를 받고 있다네."

사리불은 목련이 자리에서 일어나지 못하고 입멸에 들 것을 예감하고는 말했다.

"함께 출가하고, 또 부처님의 제자가 되어 서로 깨달음을 얻었으니 이제 같이 입멸하는 것이 어떤가."

사리불은 부처님에게 돌아와 간청했다. 부처님은 그들 두 사람을 먼저 보낸다는 것이 안타깝긴 했으나 세상의 인연이 다했음을 지혜의 눈으로 보고는 허락했다. 그리하여 나란다에는 사리불의 탑이 세워지게 되었고, 기원전 250년경 아쇼카 대왕이 사리불의 탑을 참배하고 난 뒤 사원을 건립하였는데 그것이 세계 최고(最古)의 대학이었던 나란다대학의 기원이 됐던 것이다.

나란다를 떠난 부처님은 파탈리 마을에 이르러 신도들의 환대를 받았다. 파탈리는 나중에 마가다국의 수도가 되어 파탈리푸트라라고 불렸는데, 부처님은 강가강을 건너기 전에 파탈리 마을에서 잠시 쉬었던 것이다. 부처님은 어디에서나 가르침을 멈추는 일이 없었다. 파탈리에서도 부처님은 신도들에게 다음과 같이 가르침을 주었다.

행실이 나쁜 자에게는 다섯 가지의 손해가 따른다. 첫째는 재산이 줄어들고, 둘째는 평판이 나빠지고, 셋째는 사람들 앞에서 당당하지 못하고, 넷째는 죽을 때 고통을 받고, 다섯째는 죽은 뒤 지옥에 떨어진다. 반대로 행실이 바른 자에게는 다섯 가지의 이익이 따른다. 첫째는 재산이 늘고, 둘째는 평판이 좋아지고, 셋째는 사람들 앞에서 당당해지고, 넷째는 죽을 때 고통이 없고, 다섯째는 죽은 뒤 천상에 태어

열반당 안의 열반상 · 고요한 미소와 영원한 침묵 속에 부처님의 전생과 금생, 내생이 다 담겨 있는 듯하다.

난다.

부처님은 파탈리 마을에서 다시 강가강을 건너 밧지족이 사는 마을들을 지나쳤다. 특히 나디카 마을에서는 아난에게 인간이 죽은 뒤에 어떻게 되는가를 설법했다. 어리석은 중생은 죽은 뒤 끝없이 윤회를 하지만 부처님의 가르침을 듣고 불법승(佛法僧) 삼보(三寶)에 귀의한 자는 일곱 번 생사를 되풀이하는 동안에 반드시 해탈할 수 있다는 설법을 했다. 여기서 다시 더 정진하면 단 한 번의 생사로 해탈한다고 했다.

부처님은 다시 밧지족의 수도인 바이샬리로 갔다. 부처님은 유녀(遊女) 암라팔리의 초대를 받아 공양을 받았다. 그녀는 청년 귀족들이 "얼마든지 돈을 줄 테니 부처님의 초대를 우리에게 양보하시오" 하고 말하자, 그녀는 "바이샬리 거리를 다 준다 해도 양보할 수 없습니다" 하고 거절했다.

그런데 그때 비가 계속 내리는 우안거가 다가와 부처님은 동행하는 많은 비구 수행승들을 흩어지게 한 다음, 아난만 데리고 벨루바(竹林)로 들어갔다. 부처님은 그곳에서 처음으로 열반을 생각했다. 육신을 무너뜨릴 만큼의 심한 고통이 갑자기 찾아왔던 것이다. 그러나 부처님은 곧 선정으로 몸을 회복하였다. 기력을 되찾은 부처님이 대나무 그늘에서 쉬고 있는데, 부처님의 소식을 들은 아난이 달려와 말했다.

"무사하시니 안심이 됩니다. 부처님께서 편찮으시다는 소식을 듣고는 눈앞이 캄캄했습니다. 그러나 부처님께서 교단에 아무 말씀도 없이 열반에 드실 리가 없다, 이렇게 믿고 있었으므로 한편으로 위로

쿠시나가라 마을의 말라족 사람들 · 이들의 선조들이 부처님이 열반에 들자 다비장으로 옮겨 화장했다.

라마브하르 스투파(부처님 다비장) · 이곳에서 쿠시나가라 마을의 말라족들이 부처님을 화장했다.

가 되기도 했습니다."

그러자 부처님이 아난에게 말했다.

"아난이여, 아직도 교단이 나를 의지하고 있단 말이냐. 나는 지금까지 교단 안팎을 가리지 않고 진리를 설해왔지 않느냐. 힘써 법을 가르쳐오지 않았더냐. 나는 교단을 통솔한 적도 없고 교단이 내게 의지한 적도 없다고 생각한다. 만약 그랬다면 나는 교단에 지시를 했을 것이지만 그런 일이 없지 않느냐.

아난이여, 나는 늙었다. 벌써 여든 살이다. 낡은 수레와 같이 겨우 움직이고 있을 뿐이다. 그러나 선정에 든 나는 평안하다. 아난이여, 자기 자신을 등불 삼고, 법을 등불 삼아 의지해야 한다. 다른 것을 의지해서는 안 된다.

아난이여, 현재도 내가 입적한 뒤에도 자신을 등불 삼고 의지처로 삼아 남에게 의지하지 말라. 진리를 등불 삼고 의지처로 삼아 다른 것에 의지하지 않고 살아가는 그런 사람만이 참 수행승으로서 내 뜻에 가장 맞는 사람이니라."

아난은 부처님의 이와 같은 말씀을 유언으로 들었다. 아난의 예감은 곧 적중했다. 부처님이 바이샬리의 부근에 머물고 있는 수행승들을 모두 모이게 한 다음 이렇게 선언했던 것이다.

"여래는 세 달 후에 열반에 들 것이다."

몸소 탁발을 하고 돌아오는 길에서도 아난에게 말했다.

"마지막으로 바이샬리의 거리를 보는구나."

우안거가 끝나자 부처님은 다시 길을 떠났다. 가는 도중에 금세공인

춘다의 공양을 받았다. 그런데 부처님은 춘다의 공양을 받고 나서는 심하게 배탈이 나 아난과 함께 길을 걷다가 가사를 깔고 주저앉았다.

"아난이여, 목이 타는구나. 물을 좀 떠오너라."

"부처님이시여, 방금 5백 대의 마차가 강을 건너가면서 강물을 흐려놓았습니다. 조금만 더 가면 맑은 카쿳타 강이 있습니다."

그러나 부처님의 신통력에 의해 강물은 이미 맑아져 있었다. 부처님은 아난이 떠다준 강물을 마시고 다시 걸었다. 아난이 말한 카쿳타 강에 이르러 부처님은 목욕도 하고 물도 마셨다. 그러고는 강가 숲속에서 누워 휴식을 취했다. 누운 채 아난에게 말했다.

"춘다에게 아침 공양을 받고 오늘밤 열반에 들게 되지만 춘다가 슬퍼하는 일이 없도록 하라."

슬퍼하지 말라, 사람은 누구나 이별을 한다

마침내 부처님이 다시 일어나 히란냐바티강을 건너 쿠시나가라의 사라나무 숲으로 향했다. 많은 비구들이 부처님을 따라갔다. 이윽고 두 그루의 사라나무에 이르자 부처님이 아난에게 말했다.

"아난이여, 이 한 쌍의 사라나무 사이에 머리가 북쪽이 되도록 자리를 준비하라. 여래는 너무 지쳤으므로 누워서 쉬고 싶다."

그제야 아난이 부처님이 열반에 이르렀음을 알고 다급하게 열반 후의 일을 묻자 부처님은 이렇게 말했다.

열반당(왼쪽)과 아쇼카왕 스투파 · 부처님이 열반한 이후 아쇼카왕이 순례를 와서 사원을 건립하고 스투파를 조성하였다.

"아난이여, 너희들 출가 수행승은 여래의 장례에 상관하지 말라. 너희들은 진리를 위해 게으름 없이 정진하라. 여래의 장례는 독실한 재가신도들이 치러 줄 것이다."

아난은 더 이상 슬픔을 억누르지 못하고 누워 있는 부처님 곁을 잠시 떠나 사라나무 가지를 붙잡고 비통하게 눈물을 흘렸다.

'나는 깨달음을 얻지 못하여 아직도 수행하고 있는데, 가르침을 주시던 부처님께서 열반에 드시려 하는구나.'

아난이 곁에 없는 것은 안 부처님은 한 제자에게 울고 있는 아난을 불러오게 한 다음 다시 당부했다.

"아난이여, 슬퍼하지 말라. 예전에 여래가 이와 같이 가르치지 않았더냐. '사랑하는 사람, 절친한 사람과도 반드시 헤어지지 않으면 안 된다. 살아 있는 자는 모두 사라지지 않음이 없다.' 아난이여, 너는 오랫동안 자애로운 행동과 말과 마음을 가지고 여래 곁에서 시중을 들었다. 너는 더없는 공덕을 쌓았다. 더 정진하라. 너도 머잖아 아라한의 경지에 도달할 것이니라."

부처님은 숨이 꺼져가는 동안에도 사랑스런 아난을 위해 한마디 충고를 더했다.

"아난이여, 너는 지금 '스승의 가르침은 이제 끝났구나. 우리들에게는 더 이상 스승은 없구나'라고 생각하고 있는 듯하구나. 아난이여, 여래가 열반한 뒤에는 여래가 설했던 진리와 계율이 너희들의 스승이니라."

열반당 안으로 들어가자 부처님의 열반상이 모셔져 있다. 기원후 5세기 작품이라고 한다. 크기는 약 6.1미터이고 기단부에는 머리와 중앙, 그리고 무릎 부분에 각각 세 명의 인물이 새겨져 있다. 머리 부분은 코살라국 국왕의 부인 말리카이고, 중앙 부분은 열반상을 기부한 승려 하리발리이고, 무릎 부분은 아난이라고 한다.
　부처님의 열반상을 보고 있자니 가슴이 뭉클해진다. 부처님의 미소와 맨발을 보는 순간 부처님이 누구를 위해 이 세상의 길을 걸으셨는지, 그 의미가 크게 깨달아지는 것이다.

아버지를 위한 기도, 나를 위한 기도

　나는 순례자들이 경을 외우는 것처럼 호주머니에서 종이 한 장을 꺼내어 읽는다. 인도로 오기 전 49재 중 초재를 지내고 나서 성불하지는 못할망정 돌아가신 아버지의 삶을 닮고자 스스로 다짐하며 써둔 편지다.

　애절한 염불소리가 귀에 아련합니다. 사람이 태어남은 한 조각 구름이 이는 것 같고, 사람이 죽는 것은 한 조각 구름이 스러지는 것과 같다는 염불 소리가 아직도 들려오는 듯하여 하늘을 올려다보니 빈 허공일 뿐입니다.
　원적(圓寂)에 드시던 아버님의 모습도 내내 잊히지 않을 것 같습니다.

새벽에 병석을 지키고 있는 중이었는데, 편하게 숨을 쉬고 계시는 아버님의 팔을 주물러드린 뒤 저는 책을 보고 있었습니다. 순간 숨소리가 들리지 않아 고개를 돌려보니 아버님은 순한 모습으로 눈을 감고 계셨습니다.

누구라도 본래 자리가 빈 허공이라면 아버님은 본래의 자리로 돌아가셨으니 마냥 애통해 할 일은 아니라는 생각도 언뜻 듭니다만 그래도 생가지가 찢어진 듯하여 허허롭고 안타깝기는 여전합니다. 유가에서는 비통해 하되 몸을 상하게 하지 않는 것이 본받을 만한 상례(喪禮)라고 합니다. 지나치지 말라는 중도(中道)의 경책으로 받아들입니다.

비로소 자리를 털고 일어났습니다만 사십구재의 초재를 지내고 난 오늘 뒤늦게 찾아온 조문객이 눈시울을 붉히며 '우리 문중에 별이 떨어졌다'고 슬퍼하시는 것을 보니 다시 아버님이 생각나고 평소 불효했던 일들이 주마등처럼 스쳐갑니다.

병석에 계셨던 아버님께서 마지막으로 저에게 하셨던 당부는 '집에 찾아온 손님에게 정성을 다해 대접하라'는 말씀이었습니다. 아버님은 남에게 베푸는 것을 가장 큰 기쁨으로 여기시는 분이었습니다. 옆에서 지켜보신 어머님께서는 너의 지갑은 늘 홀쭉한데 네 아버지 지갑은 항상 두툼하다고 말씀하시기도 했습니다. 아버님의 지갑은 당신보다는 남을 위한 지갑이기 때문이었습니다. 특히 아버님께서는 자라나는 아이들을 사랑하시어 손자 손녀가 아니라도 누구의 자식이건 간에 지갑에서 지폐를 꺼내주고는 즐거워하셨습니다. 그래서 저는 아버님께서 사용하시던 지갑에 깨끗한 지폐를 넣은 뒤, 유택(幽宅)에 누우신 아버님의 가

인도 노수행자와 젊은 스님·부처님을 화장했던 장소에서 자신의 삶과 죽음을 명상하고 있다.

슴에 안겨드렸습니다. 내생에서도 남에게 베푸시고 아이들을 사랑하시려면 당신의 지갑이 있어야 할 것 같아서였습니다.

　이제 제가 할 일은 자신보다 남을 먼저 생각하는 아버지를 닮은 자식이 되는 것이라고 생각합니다. 아버님께서 티끌만큼의 허물도 짓지 않고 사시려고 노력하신 것처럼, 남의 기쁜 일 슬픈 일에 조금도 소홀하지 않으셨던 것처럼 저도 그렇게 아버님처럼 살 것을 다짐해봅니다.

　부처님을 화장한 다비장은 열반당에서 가까운 곳에 있다. 다비장 장소는 원래 말라족들의 왕들이 대관식을 치르던 사당이 있었다고 한다. 현재는 붉은 벽돌로 스투파가 조성되어 있는데 라마브하르 스투파라고 부른다. 부처님이 사라쌍수 아래서 열반에 든 지 7일 뒤 쿠시나가라마을의 말라족들이 부처님 법체를 이곳으로 옮겨와 화장했던 것이다.

　스투파 주변에 공작야자수들이 10여 그루 서 있다. 야자수 잎들이 공작새 깃처럼 생겼다고 해서 공작야자수라고 부르는 모양이다. 안개가 짙은 이른 아침인데도 인도의 노수행자가 불편한 걸음걸이로 스투파를 돌고 있다. 참배하는 모습을 보니 자신의 죽음과 그 이후를 준비하고 있는 느낌이다. 스투파 잔디밭에서는 인도의 한 젊은 스님이 좌선을 하고 있다. 젊은 스님은 수행자로서 삶의 원력과 결의를 다지고 있는 모습이다. 노스님과 젊은 스님의 모습에서 생과 사가 겹쳐진다. 생과 사가 둘이 아니라는 자각이 든다. 삶이 곧 죽음이고 죽음이 곧 삶이다. 중국의 한 선사가 한 말이 문득 머릿속을 스친다.

'온몸으로 살고 온몸으로 죽어라.'

부처님이야말로 어리석은 세상 사람들에게 진리를 드러내고자 온몸으로 살고 온몸으로 가신 분이 아닌가 싶다. 열반상에서 본 부처님의 미소가 잊히지 않는다. 그 미소 속에서 나는 부처님의 전생과 금생과 내생을 다 보았던 것이다. 나뿐만 아니라 세상 사람들 모두가 종교라는 울타리를 넘어서 성스러운 진리와 대자대비의 현현(顯現)인 부처님 미소 앞에 합장하고 고개를 숙일 것 같다. 그렇다. 인생은 순간이지만 미소는 영원하다.

부 록

통도사 팔상도

통도사 팔상도_도솔래의상

통도사 팔상도_비람강생상

통도사 팔상도_사문유관상

통도사 팔상도 _ 유성출가상

통도사 팔상도 _ 설산수도상

통도사 팔상도 _ 수하항마상

통도사 팔상도 _ 녹원전법상

통도사 팔상도 _ 쌍림열반상